Wirtschaftspolitische Forschungsarbeiten
der Universität zu Köln

Wirtschaftspolitische Forschungsarbeiten
der Universität zu Köln

Band 55

Die Klimapolitik Brasiliens

Chancen auf eine Einbeziehung in ein Weltklimaabkommen?

von

Hanna Hellenbroich

Herausgegeben von Prof. Dr. Manfred Feldsieper
und Prof. Dr. Federico Foders

Tectum Verlag

In der Schriftenreihe *Wirtschaftspolitische Forschungsarbeiten* des Tectum Verlags erscheinen herausragende Forschungsarbeiten aus dem Umfeld der Universität zu Köln. Herausgegeben wird die Reihe von Prof. Dr. Manfred Feldsieper und Prof. Dr. Federico Foders.

Hanna Hellenbroich

Die Klimapolitik Brasiliens.
Chancen auf eine Einbeziehung in ein Weltklimaabkommen?
ISBN: 978-3-8288-2442-3
ISSN: 1867-7738

© Tectum Verlag Marburg, 2010

Besuchen Sie uns im Internet
www.tectum-verlag.de

Bibliografische Informationen der Deutschen Bibliothek
Die Deutsche Bibliothek verzeichnet diese Publikation in der Deutschen Nationalbibliografie; detaillierte bibliografische Angaben sind im Internet über http://dnb.ddb.de abrufbar.

Inhalt

Inhalt 5

Abbildungsverzeichnis 7

Abkürzungsverzeichnis 7

Vorwort der Herausgeber 11

Einleitung 13

1   Brasilianische Klimapolitik und ihre Akteure 17
1.1   Die Entwicklung des Themas Klima in Brasilien 17
1.2   Die Hauptakteure Brasiliens 19

2   Nationale Klimapolitik: Entwicklungen
        auf dem Energiesektor und im Waldschutz
        und ihre Auswirkungen
        auf Brasiliens Emissionsprofil 25
2.1   Der Energiesektor: Erneuerbare Energien
        und Energieeffizienz 26
2.1.1   Biokraftstoffe 27
2.1.1.1 Das brasilianische Ethanolprogramm: *Proalcool* 27
2.1.1.2 Biodiesel 33
2.1.2   Elektrizitätsgewinnung aus erneuerbaren Energien 35
2.1.2.1 Wasserkraft 36
2.1.2.2 Holzkohle 38
2.1.2.3 Kraft-Wärme-Kopplung durch Bagasseverbrennung 40
2.1.2.4 Das Programm PROINFA 42
2.1.2.5 Das Programm *Luz para todos* 44
2.1.3   Energieeffizienzprogramme 45
2.1.3.1 Das Programm PROCEL 45
2.1.3.2 Das Programm CONPET 46
2.2   Waldschutzpolitik 48
2.2.1   Aktionsplan für den Regenwald 51
2.2.1.1 Verbesserung der Fernerkundungssysteme zur Kontrolle
        der Abholzung und der selektiven Baumfällung 52
2.2.1.2 Ständige Überwachungs- und Kontrollmaßnahmen
        für Umweltkriminalität 53

2.2.2   Forstgesetz und Nationaler Plan zum Klimawandel 54

3   **Internationale Klimapolitik: Brasilien**
in den internationalen Verhandlungen 57

3.1   Der *Brazilian Proposal*: Historische Verantwortlichkeiten 58

3.2   Der *Brazilian Proposal*: der CDF 61

3.3   Der Forest Proposal von 2006 64

3.4   Aktuelle Positionen in und zu den Verhandlungen 66

3.5   **Chancen für eine Einbeziehung Brasiliens**
in ein Nachfolgeabkommen – eine Bilanz 68

4   **Fazit**...71

5   **Literaturverzeichnis**.....................................75

Abbildungsverzeichnis

Abb. 1: verkaufte leichte Nutzfahrzeuge für den brasilianischen Markt nach Treib- stofftyp	Seite 29
Abb. 2: Energiebilanz für die Herstellung von Rohmaterialien	Seite 31
Abb. 3: Installierte Leistung für die Stromerzeugung	Seite 36
Abb. 4: CO_2-Emissionen nach Sektoren, 1994	Seite 48
Abb. 5: Die Biome Brasiliens	Seite 49
Abb. 6: Jährliche Abholzungsraten im Amazonasgebiet	Seite 51
Abb. 7: Vergleich der Systeme PRODES und DETER in Bezug auf den Zeitpunkt der Aufspürung und den Grad der Entwaldung	Seite 52
Abb. 8: Geplante Entwicklung der Abholzungsraten in Amazonien	Seite 55
Abb. 9: Verteilung der brasilianischen CDM-Projekte nach Treibhausgasen	Seite 63
Abb. 10: Verteilung der brasilianischen CDM-Projekte nach Sektoren	Seite 63

Abkürzungsverzeichnis

Abkürzung	Portugiesisch/Englisch	Deutsch
AEB	Agência Espacial Brasileira	Brasilianische Raumfahrtagentur
AGBM	Ad Hoc Group on the Berlin Mandate	Ad-hoc-Gruppe Berliner Mandat
ANEEL	Agência Nacional de Energia Elétrica	Nationale Energieagentur
ARPA	Àreas Protegidas da Amazônia	Programm für Schutzgebiete in Amazonien
BEN	Balanço Energético Nacional	Nationale Energiebilanz
BNDES	Banco National de Desarollo Economico y Social	Nationale Bank für wirtschaftliche und soziale Entwicklung
CBERS	Satélite Sino-Brasileiro de Recursos Terrestres	Chinesisch-Brasilianischer Bodenressourcen-Satellit
CCP	Cities for Climate Protection	Internationalen Netzwerk von Städten für den Schutz des Klimas
CDF	Clean Development Fund	Fond für umweltverträgliche Entwicklung
CDM	Clean Development Mechanism	Mechanismus für umweltverträgliche Entwicklung
Centro Clima	Centro de Estudos Integrados sobre Meio Ambiente e Mudanças Climáticas	Zentrum für Klimaforschung
CER	Certified Emission Reduction	Emissionsreduktionsgutschrift
CfRN	Coalition for Rainforest Nations	Koalition der Regenwaldländer
CIDES	Comissão Interministerial de Desenvolvimento Sustentável	Interministerielle Kommission für Nachhaltige Entwicklung
CIM	Comitê Interministerial sobre Mudança do Clima	Interministerielles Komitee zum Klimawandel
CIMGC	Comissão Interministerial de Mudança Global do Clima	Interministerielle Kommission für Globalen Klimawandel

8

CONPET	Programa Nacional de Racionalização do Uso dos Derivados do Petróleo e do Gás Natural	Nationales Programm für eine effiziente Nutzung von Öl- und Erdgasprodukten
COP	Conference of the Parties	Vertragsstaatenkonferenz
CPDS	Comissão de Políticas de Desenvolvimento Sustentável e da Agenda 21 Brasileira	Kommission für Politik zur Nachhaltigen Entwicklung und der brasilianischen Agenda 21
DETER	Sistema de Detecção de Desmatamento em Tempo Real	System für die Aufspürung von Abholzung in Echtzeit
DETEX	Sistema de Detecção de Exploração Seletiva	System zur Aufspürung von gezielter Holzfällerei
DNA	Designed National Authority	zuständige nationale Aufsichtsbehörde
FAP	Fundo de Àreas Protegidas	Fond für Schutzgebiete
FBMC, Forum Clima	Fórum Brasileiro de Mudanças Climáticas	Brasilianisches Forum zum Klimawandel
FUNBIO	Fundo Brasileiro para a Biodiversidade	brasilianischer Fond für Biodiversität
GEF	Global Environment Facility	Globale Umweltfazilität
GEx	Grupo Executivo sobre Mudança do Clima	Arbeitsgruppe zum Klimawandel
GTZ		Gesellschaft für technische Zusammenarbeit
IEA	International Energy Agency	Internationale Energieagentur
INPE	Instituto Nacional de Pesquisas Especiais	Nationales Institut für Raumforschung
IPAM	Instituto de Pesquisa Ambiental da Amazônia	Amazonasinstitut für Umweltforschung
IPCC	Intergovernmental Panel on Climate Change	Zwischenstaatlicher Ausschuss für Klimaänderungen
JI	Joint Impementation	
KfW	-	Kreditanstalt für Wiederaufbau
LULUCF	Land Use, Land Use Change and Forestry	Landnutzung, Landnutzungsänderung und Forstwirtschaft
MATCH	Ad Hoc Group on Modelling and Assessment of Contributions to Climate Change	
MCT	Ministério da Ciência e Tecnologia	Ministerium für Wissenschaft und Forschung
MDL[1]	Mecanismo de Desenvolvimento Limpo	Mechanismus für umweltverträgliche Entwicklung
MMA	Ministério do Meio Ambiente	Umwletministerium

---

[1] Zur besseren Lesbarkeit und in der Annahme, die meisten Leser seien eher diese auch im Deutschen gebräuchliche Variante gewohnt, benutze ich im Text im Weiteren die englische Abkürzung CDM.

MME	Ministério de Minas e Energia	Ministerium für Bergbau und Energie
Mt		Megatonne
NGO	Non-Governmental Organization	Nichtregierungsorganisation
OECD	Organisation for Economic Cooperation and Development	Organisation für wirtschaftliche Zusammenarbeit und Entwicklung
PNMC	Plano Nacional sobre Mudança do Clima	Nationaler Plan gegen den Klimawandel
PNPB	Programa Nacional de Produçao e Uso de Biodiesel	Nationales Programm für Biodiesel
PPCDAM	Plano de Prevenção e Controle do Desmatamento na Amazônia Legal	Aktionsplan zur Vorbeugung und Kontrolle der Abholzung im Regenwald
PPG7	Programa Piloto para a Proteção das Florestas Tropicais do Brasil	Pilotprogramm für den Schutz der tropischen Wälder in Brasilien
PROCEL	Programa Nacional de Conservação de Energia Elétrica	Nationales Energieeffizienzprogramm
PRODEEM	Programa de Desenvolvimento Energetico de Estados e Municipios	Programm zur Elektrifizierung ländlicher Gebiete
PRODES	Monitoramento da Floresta Amazônica Brasileira por Satélites	Satellitenüberwachungssystem für das brasilianische Amazonasgebiet
PROINFA	Programa de Incentivos às Fontes Alternativas de Energia Elétrica	Anreizprogramm für die Nutzung erneuerbaren Energien in der Elektrizitätsgewinnung
REDD	Reducing Emissions from Deforestation and Forest Degradation	Reduzierung von Emissionen aus Entwaldung und Walddegradierung
Rede Clima	Rede Brasileira de Pesquisas sobre Mudanças Climaticas Globais	Brasilianisches Netzwerk für Forschung über Klimawandel
SBSTA	Subsidiary Body for Scientific and Technological Advice	
SLAPR	Sistema de Licenciamento Ambiental de Propriedades Rurais	Umweltlizenzsystem für ländliche Besitzungen
toe	tons of oil equivalent	Tonnen Öläquivalent
UNCED	United Nations Conference on Environment and Development	Konferenz der Vereinten Nationen über Umwelt und Entwicklung
UNFCCC	United Nations Framework Convention on Climate Change	Rahmenübereinkommen der Vereinten Nationen über Klimaänderungen
WEO	World Energy Outlook	Weltenergieausblick
ZAE	Zoneamento Agroecológico da cana-de-açúcar	Plan zur Gebietseinschränkung von Zuckerrohranbau

Vorwort der Herausgeber

Die internationale Konferenz, die im Dezember 2009 in Kopenhagen stattgefunden hat, hat die Klimapolitik der Industrie- und Entwicklungsländer nicht gerade im besten Licht gezeigt. Überraschend war das nicht, zumal die Faktoren, die das Scheitern der Konferenz begünstigt haben, vorher bekannt waren. Dazu zählt die Hauptschwäche des Kyoto-Protokolls von 1997, nämlich die asymmetrische Verteilung der Verpflichtung, den Treibhausgasausstoß zu verringern, zwischen den Industrie- und Entwicklungsländern. Damals beharrten die Entwicklungsländer, einschließlich der Schwellenländer Brasilien und China, auf dem Verursacherprinzip und sahen ausschließlich die Industrieländer in der Verantwortung. Diese Position blieb seitdem unverändert bestehen, wie zuletzt anlässlich der Konferenz auf Bali im Dezember 2007 zu vernehmen gewesen ist. Kopenhagen war nichts anderes, als eine Fortsetzung dieser Politik mit denselben Mitteln. Jedoch können gerade die Schwellenländer inzwischen die rasante Zunahme ihrer eigenen Emissionen im Zuge der wirtschaftlichen Entwicklung kaum noch verbergen, so dass ihre Beteiligung an den weltweiten Anstrengungen, die Emissionen zu reduzieren, zu einer wichtigen Voraussetzung geworden ist, um das gemeinsame Oberziel, die Vermeidung einer weiteren Erwärmung der Erdatmosphäre, zu erreichen.

Brasilien ist ein führendes Schwellenland, das nicht nur eine beachtenswerte klimapolitische Vergangenheit (etwa bei der Entwicklung von Biokraftstoffen oder der Wasserkraft) aufzuweisen hat, sondern – ebenso wie China – im Vorfeld der Kopenhagener Konferenz seine Bereitschaft signalisiert hat, den Ausstoß von Treibhausgasen zu verringern. Im Gegensatz zu China ist Brasilien indes einen Schritt weiter gegangen und hat konkrete Ziele genannt und zudem spezifiziert, aus welchen Wirtschaftssektoren die Ersparnisse kommen sollen. Brasilien beabsichtigt, bis zum Jahr 2020 39 Prozent des Kohlendioxidausstoßes im Wesentlichen durch vermiedene Entwaldung zu reduzieren; die Landwirtschaft und der Energiesektor sollen für die übrigen Einsparungen aufkommen.

Nach dem Debakel von Kopenhagen steht die internationale Gemeinschaft erneut vor der Herausforderung, ein Nachfolgeabkommen für das Kyoto-Protokoll abzuschließen, das im Jahr 2012 ausläuft; im Rahmen der für Dezember 2010 geplanten Klimakonferenz in Mexiko-Stadt hätte sie eine erste Gelegenheit dazu. Angesichts der zentralen Rolle Brasiliens als Akteur der globalen Klimapolitik sind Studien wie die vorliegende von Frau Hanna Hellenbroich, die zu einem besseren Verständnis der brasilianischen Klimapolitik und ihrer Hintergründe beitragen, für die künftigen Verhandlungen auf internationaler Ebene von entscheidender Bedeutung. Auch stellt diese umfassende Untersuchung eine wichtige Hilfe bei der Bewertung der Realisierbarkeit der klimapolitischen Ziele Brasiliens dar. Von mehr Transparenz in den nationalen und internationalen Klimapolitiken profitieren nicht zuletzt auch Umweltschutzpioniere wie Deutschland, dessen Wirtschaft unter anderem auf die Lieferung von klimakonformen Technologien spezialisiert ist.

Prof. Dr. Manfred Feldsieper   Prof. Dr. Federico Foders

Einleitung

Brasilien ist mit fast 200 Mio. Einwohnern und einer Fläche von 8,5 Mio. Quadratkilometern das größte Land Lateinamerikas. Es ist wirtschaftlich gesehen momentan das international attraktivste Land des Subkontinents; auch in der Politik ist es auf dem Weg zu einem global player. Das allein macht es interessant, sich mit der Klimapolitik Brasiliens zu beschäftigen. Drei weitere Eigenschaften spielen dafür aber eine mindestens ebenso große Rolle: die globale Bedeutung seiner Regenwälder als Kohlenstoffspeicher, das enorme Potenzial zur Herstellung von Biokraftstoffen und die Höhe der Emissionen eines der weltweit größten Emittenten von Treibhausgasen machen Brasilien zu einem der einflussreichsten Länder in der internationalen Klimapolitik.

Im gegenwärtigen Prozess der internationalen Verhandlungen um ein Nachfolgeabkommen für das Kyoto-Protokoll und der Diskussionen um Maßnahmen, mit denen ein Temperaturanstieg über das vom *Intergovernmental Panel on Climate Change* (IPCC)[2] als kritisch eingestufte Maß von zwei Grad Celsius hinaus verhindert werden kann, vergeht kaum ein Tag, an dem der Klimawandel nicht Thema der Nachrichten ist. Doch die Verhandlungen verlaufen zäh: zu vielseitig sind die Interessen der teilnehmenden Länder, zu umstritten sind die möglichen Maßnahmen und ihre Wirkungen, zu unklar die Kosten und ihre Finanzierungsmöglichkeiten.

Einer der ständig gegenwärtigen Gegensätze in den Verhandlungen ist der zwischen Industriestaaten und Entwicklungs- und Schwellenländern, der zwischen den Ländern mit im Kyoto-Protokoll vertraglich bindend festgelegten Emissionsreduktionszielen, so genannte Annex-I-Staaten, – hierzu gehören die meisten Industriestaaten –, und denjenigen, die in dieser ersten Verpflichtungsperiode bis 2012 noch nicht zu Einsparungen von Treibhausgasen vertraglich verpflichtet sind.[3] Um signifikante Reduktionen in den Treibhausgasemissionen zu erreichen, müssen auch in letzteren Staaten Maßnahmen ergriffen werden, damit der Klimawandel gemildert werden kann. Brasilien ist hier mit China und Indien das Land, welches entscheidend dafür sein wird, ob und in

---

[2] Diese und alle weiteren in der Arbeit verwendeten Abkürzungen werden im Abkürzungsverzeichnis erläutert.

[3] Diese Länder werden Annex-II- oder auch Nicht-Annex-I-Staaten genannt. Die Bezeichnungen Annex-I- und Annex-II-Staaten ergeben sich aus dem Kyoto-Protokoll, in dessen erstem Anhang die Länder (Industriestaaten und Transformationsländer) aufgelistet sind, die Emissionsminderungsziele eingegangen sind. In Annex II des Vertragpapiers stehen die weiteren Länder, die das Protokoll ratifiziert, jedoch noch keine bindenden Verpflichtungen in der ersten Vertragsperiode (2008-2012) haben.

14

welcher Weise die Einbindung der Entwicklungs- und Schwellenländer in ein globales Klimaregime gelingen kann.

Aus diesen Gründen beschäftigt sich die vorliegende Arbeit mit der Klimapolitik Brasiliens im Hinblick auf die Frage, welche Positionen es in Brasilien zur Gestaltung eines Nachfolgevertrages zum Kyoto-Protokoll gibt und wie die Chancen für eine Einbeziehung des Landes in ein globales Klimaabkommen sind.

Im Verlaufe der Recherche stellte sich heraus, dass für die Beantwortung dieser Frage die nationale Klimapolitik ebenso wie die internationale von entscheidender Bedeutung ist. Bei einem Land, das im Kyoto-Protokoll zu den Annex-II-Ländern gehörte, ist besonders die Betrachtung nationaler Maßnahmen wichtig. Nur so lässt sich der politische Wille angemessen einschätzen, den die Regierung im Kampf gegen den Klimawandel aufbringt.

Die vorliegende Arbeit gliedert sich aus diesem Grund folgendermaßen:

Zu Beginn der Arbeit wird die Entwicklung des Themenfeldes Klimapolitik und seiner Akteure in Brasilien dargestellt, um die Politikentwicklungen nachvollziehbar zu machen.

Daran schließt sich als zweites Kapitel eine Darstellung der nationalen Klimapolitik an. Hier sollen in einem ersten Unterkapitel vor allem die mit der Klima- und Umweltpolitik zusammenhängenden Entwicklungen im Energiesektor Brasiliens sichtbar werden; danach werden brasilianische Programme vorgestellt, die zu einer Verringerung der Treibhausgasemissionen führen und führten. Dabei finden besonders die Entwicklung der Biokraftstoffe, die Elektrizitätsgewinnung aus erneuerbaren Energien sowie Energieeffizienzprogramme Berücksichtigung. Das zweite Unterkapitel beschäftigt sich mit den Entwicklungen bezüglich Amazoniens[4] und den Maßnahmen für eine Reduzierung der Abholzungsraten.

Thema des dritten Kapitels ist schließlich die internationale Klimapolitik Brasiliens. Hier werden die Einflussnahme Brasiliens auf die internationalen Verhandlungen, die brasilianischen Initiativen und Allianzen untersucht; daran anknüpfend wird die Arbeit die aktuellen Verhandlungspositionen aufzeigen und die Chancen für eine Einbeziehung Brasiliens in ein globales Klimaabkommen einschätzen.

Hierbei stehen die drei Hauptthemen im Mittelpunkt, die Brasilien hauptsächlich beschäftigten und die es zu beeinflussen suchte. Das sind zunächst die Emissionsverantwortlichkeiten, weiterhin die Schaffung von flexiblen Mechanismen für die Erfüllung der Emissionsziele der An-

---
[4] Zur Definition des Begriffs siehe Kapitel 2.2.

nex-I-Länder sowie drittens die Themen zu Landnutzungsänderungen und Waldwirtschaft.

Es wird sich zeigen, dass in vielen Punkten, die in einer Industrienation wie Deutschland heiß diskutiert werden, ein ziemlicher Konsens besteht und kontroverse Diskussionen sich auf einige wenige Themen beschränken. Hierzu zählt die Einbeziehung von Wäldern, die für Brasilien als Land des weltweit größten Regenwaldes, des Amazonasgebiets, von grundlegender Bedeutung ist.

Besonders nach der Implementierung des Kyoto-Protokolls 2005 hat sich in der brasilianischen Klimapolitik ein Wandel vollzogen. Die ökonomischen Chancen erkennend, die aus dem Vertragswerk entstehen, begann die Regierung sich verstärkt für den Klimaschutz einzusetzen. Aus diesem Grund wurden in jüngster Zeit einige neue Gesetze erlassen und Dokumente veröffentlicht, die für die Position Brasiliens im Klimawandel eine große Rolle spielen. Hierzu gehören das neue Forstgesetz von 2006 sowie der im Dezember 2008 von der Regierung veröffentlichte Nationale Plan gegen den Klimawandel. Trotz der zum Zeitpunkt seines Erscheinens bereits weit vorangeschrittenen Arbeit wurde letzterer im Rahmen der Möglichkeiten noch möglichst umfassend eingearbeitet.

Aufgrund des aktuellen Themas, zu dem die wenigste Literatur in Bibliotheken zu finden war, musste für die Recherche stark auf das Internet zurückgegriffen werden. Es werden Internetseiten der brasilianischen Regierung, des Klimasekretariats und internationaler Organisationen wie der Internationalen Energieagentur (IEA) zitiert. Dies ist dem besonderen Umstand des Themas geschuldet und geschah nur, soweit die Informationen anders nicht zu beschaffen waren und die Seiten als wissenschaftlich tragfähig erachtet wurden.

1 Brasilianische Klimapolitik und ihre Akteure

Klimapolitik und Klimawandel waren lange kein Thema in der öffentlichen Debatte Brasiliens. Bis Ende der 80er Jahre erregten sie, außer in einigen akademischen Kreisen, keinerlei Aufmerksamkeit. Die Politik ordnete das Thema eher dem Bereich der diplomatischen Außenbeziehungen zu, anstatt es als eigenständiges Arbeitsfeld zu betrachten. Die Forschung beschränkte sich auf die Abholzung im Amazonasgebiet; auch in der Zivilgesellschaft war das Interesse gering. Bis Anfang der 90er Jahre gab es in der brasilianischen Politik keine Institution, die explizit für Umweltbelange zuständig war. Die Verteilung der vorhandenen Aufgaben zu diesem Themenfeld hatte keine Struktur[5] und lag nachrangig bei verschiedenen Ministerien (Lutes und Goldemberg, 1998, 15).

1.1 Die Entwicklung des Themas Klima in Brasilien

Als in den 70er Jahren im internationalen Umfeld das Thema Umwelt auf den Agenden erscheint, ist in Brasilien das Interesse an dem Thema kaum existent und die offizielle Stellungnahme geprägt von dem wirtschaftlichen Profil des Landes. Auf der Umweltkonferenz in Stockholm 1972 führte Brasilien mit China eine Koalition von Entwicklungsländern an, die der Anerkennung von Umweltproblemen als wichtiges Politik- und Handlungsfeld entgegen stand. Dies ist der Ausgangspunkt für die fast 20 Jahre gültige brasilianische Positionierung, die auf drei Prinzipien beruhte:
- die nationale Souveränität solle auch in Bezug auf die Nutzung von natürlichen Ressourcen uneingeschränkt gewahrt bleiben;
- das Erreichen eines höheren Pro-Kopf-Einkommens sei Voraussetzung für Umweltschutzmaßnahmen;

---

[5] Dies ist zwei gegensätzlichen Trends geschuldet, die die brasilianische Staatsstruktur in ihrer Entwicklung beeinflussten. Die Tradition des Klientelismus sorgt für enge Beziehungen zwischen offiziellen Regierungsvertretern und den Hauptakteuren der Wirtschaft. Dies führt zu fehlender Kontrolle auf nationaler Ebene und einem schwachen Staat. Ein gegensätzlicher Trend drückt sich in der Bewegung des Positivismus aus, aus dem der Spruch *ordem e progresso*, Ordnung und Fortschritt, in der brasilianischen Flagge stammt. Hier zeigt sich ein untergeordneter Glaube an umfassende, rationale Planung und Leitung. Aus der Kombination beider Trends folgt, dass des Öfteren systematische Vorschläge entwickelt und Organisationsstrukturen geschaffen werden, die dann aber entweder aus Mangel an Geldmitteln und politischer Unterstützung nicht umgesetzt werden oder die aufgrund von einzelnen Interessen in zähen Politikverhandlungen untergraben werden. Dies zeigt sich auch einige Male im Politikbereich Umwelt und Klima. Siehe hierzu auch Lutes und Goldemberg, 1998, 13ff.

18

- die finanzielle Last des Umweltschutzes müsse ausschließlich von den Industrieländern getragen werden (Viola, 2004, 30 und Lahsen und Öberg, 2006, 15f).

Die Entwicklungen der 70er Jahre auf dem Energiesektor, als mit der Gründung des Ethanolprogramms und dem Bau großer Wasserkraftwerke erneuerbare Energien gefördert werden, sind Reaktionen auf die globale Ölkrise; ein Zusammenhang mit der Umweltpolitik wird damals nicht gesehen.

In den 1980er Jahren erregt die Abholzung des Regenwaldes im Amazonasgebiet international, vor allem in Europa und Nordamerika, immer mehr Aufmerksamkeit und wird zu dem Faktor, der die Stellungnahme Brasiliens zum Thema Klima hauptsächlich beeinflusst. Internationale Medien berichten ausführlich von der Bedrohung des für die Welt wichtigen Ökosystems durch Rodungen, was sich politisch zunehmend auf die internationalen Interessen Brasiliens auswirkt und zu negativen ökonomischen Konsequenzen führt.[6] Verhandlungen auf internationaler Ebene werden von der Kritik der Regenwaldpolitik beeinflusst und überschattet und führen so Ende der 1980er Jahre einen Wandel in der brasilianischen Haltung herbei. Nicht nur die direkten politischen und wirtschaftlichen Kosten des auswärtigen Drucks bewirken diesen Wandel, sondern ebenso ihr Einfluss auf Brasiliens weitere Ziele in der Außenpolitik (Lutes und Goldemberg, 1998, 3ff), in der sich Brasilien als Global Player zu etablieren sucht. Ohne ein Einlenken hin zu einem höheren Umweltbewusstsein sieht sich Brasilien international an den Rand gedrängt und die Chance zur Umsetzung seiner politischen Ambitionen als gering.

Bis das Klima Ende der 1980er Jahre ein Thema wird, das Politik und Gesetzgebung beeinflusst, wird es auch von der Wissenschaft nur begrenzt wahrgenommen. Bis zu diesem Zeitpunkt beschränken sich brasilianische Wissenschaftler weitgehend darauf, die Abholzungsraten in Amazonien zu beobachten und abzuschätzen. Dabei kommen sie zu sehr unterschiedlichen Ergebnissen, da sie unterschiedliche Satellitendaten als Quelle benutzen. Die Zahlen schwanken zwischen 17.000 km² abgeholzter Regenwaldfläche pro Jahr (für den Zeitraum 1978-88) bis hin zu 80.000 km² jährlich (für die Jahre 1979-89). Weitere Klimaforschung findet praktisch nicht statt; auch auf internationaler Ebene sind kaum brasilianische Forscher an Klimaarbeiten beteiligt (Lutes und Goldemberg, 1998, 4f).

---

[6] Eine von zwei nordamerikanischen Umweltschutzorganisationen ausgerufene Kampagne gegen multilaterale Entwicklungsbanken führt 1985 dazu, dass die Weltbank Kredite für Großprojekte im Amazonasgebiet aussetzt. Siehe hierzu Herberholz, 2001, 39.

Dies änderte sich erst 1988: Die Veröffentlichung von Satellitenbildern über die 1987 zerstörte Regenwaldfläche durch das brasilianische Institut für Raumforschung (*Instituto Nacional de Pesquisas Especiais*, INPE) und die von ausländischen Wissenschaftlern gezogene Verbindung zu den Phänomenen des Klimawandels war maßgeblich mitverantwortlich für den Wandel in der brasilianischen Politik (Herberholz, 2001, 39f).

1.2 Die Hauptakteure Brasiliens

Diese Entwicklung bewirkte, dass das Außenministerium (*Ministério das Relações Exteriores*, Itamaraty genannt) gemeinsam mit dem Ministerium für Wissenschaft und Forschung (*Ministério da Ciência e Tecnologia*, MCT) hauptverantwortlich für die Klimapolitik gemacht wurde, als die Politik mit der Gründung von Institutionen auf das neue Politikfeld reagierte. Während der Erarbeitung der Klimarahmenkonvention gründete die Regierung noch vor der Rio-Konferenz einen Beraterstab zum Klimawandel im MCT. Die Brasilianische Raumfahrtagentur (*Agência Espacial Brasileira*, AEB) stellte fachliche Hilfe bereit sowie einen Teilnehmer für die brasilianische Delegation in den internationalen Verhandlungen, während das Außenministerium für die Koordinierung der nationalen Position verantwortlich zeichnete (La Rovere, 2001, 5f). Im November 1992 wurde das Umweltministerium (*Ministério do Meio Ambiente*, MMA) gegründet. Es war aber institutionell schwächer aufgebaut und griff zunächst kaum in die Klimapolitik ein (Lahsen und Oberg, 2006, 17).

1994 wurde auf Anordnung des Präsidenten Itamar Franco (Regierungszeit: 12/1992-01/2005) formal die Interministerielle Kommission für Nachhaltige Entwicklung (*Comissão Interministerial de Desenvolvimento Sustentável*, CIDES) gegründet, die für die Umsetzung der *Agenda 21*, der *Rio-Deklaration* und internationaler Konventionen und Abkommen zu Umweltthemen verantwortlich sein sollte. Die Strukturen der Kommission wurden jedoch als ineffektiv kritisiert. Als ein paar Monate nach Gründung von CIDES die Regierung wechselte, wandte man sich von dem Projekt beinahe vollständig ab. Es existierte zwar drei Jahre auf dem Papier weiter, jedoch ohne dass ein formelles Treffen abgehalten wurde. Im Februar 1997 ersetzte Präsident Fernando Henrique Cardoso (Regierungszeit: 01/1995 -12/2002) CIDES durch die Kommission für Politik zur Nachhaltigen Entwicklung und der brasilianischen Agenda 21 (*Comissão de Políticas de Desenvolvimento Sustentável e da Agenda 21 Brasileira*, CPDS) unter Vorsitz des Umweltministeriums (Lutes und Goldemberg, 1998, 15f).

Der Präsidentenerlass, in dem die Gründung von CIDES festgelegt wurde, regelte auch weitere Verantwortlichkeiten in der Regierung zu Themen des Klimawandels. So wurde das Außenministerium verantwortlich für die internationalen Verhandlungen zum Klimawandel und das MCT für die Vertragserfüllung. Da in Brasilien die meisten Initiativen durch internationale Veranstaltungen und Prozesse ausgelöst werden, hat das Außenministerium sehr große Macht über die Klimapolitik. Deshalb, so argumentieren am Thema interessierte Politikbeobachter und Wissenschaftler, hat Brasilien seine Klimapolitik so stark an seinen außenpolitischen und außenwirtschaftlichen Interessen ausgerichtet (Lutes und Goldemberg, 1998, 17). Die offizielle Position Brasiliens in den internationalen Verhandlungen beruht stark auf den Themen der nationalen Sicherheit und der Entwicklung des Landes; die Diskussion um den Regenwald und seinen Schutz vermied man nach Möglichkeit aus Angst vor dem Verlust von Souveränität[7]. Erst 2001 änderte sich das im Ansatz, als das Umweltministerium und weitere Teile der Regierung verstärkt Interesse am Klimawandel zeigten und das Außenministerium und das MCT nicht mehr die volle Kontrolle über die nach außen vertretene Meinung hatten (Lahsen und Öberg, 2006, 17).

Mit Einführung des Mechanismus für Umweltverträgliche Entwicklung (*Clean Development Mechanism*, CDM[8]) wurden größere Teile von Regierung und Gesellschaft in die Klimapolitik einbezogen. 1999 wurde eine Interministerielle Kommission für Globalen Klimawandel (*Comissão Interministerial de Mudança Global do Clima*, CIMGC) gegründet. Diese wurde für die Koordinierung mit dem *United Nations Framework Convention on Climate Change* (UNFCCC) zuständig. Sie sollte die Richtlinien für die nationale Politik zum Klimawandel erstellen, die Aktivitäten mit Repräsentanten der Zivilgesellschaft absprechen und die Teilnahme von öffentlichen und privaten Gruppen und Spezialisten fördern. In der Kommission waren alle relevanten Ministerien vertreten. Dem Gründungserlass entsprechend gab es einen doppelten Vorsitz, den sich das MCT und das Umweltministerium teilten (Internationale Energieagentur, 2008b). Das Umweltministerium konnte seinen Einfluss auf die Position in den internationalen Verhandlungen jedoch kaum ausweiten, obwohl es durch zusätzliches Personal seine fachlichen Kompetenzen ausweitete und im Dezember 2000 ein wissenschaftliches Zentrum für Kli-

---

[7] Auch wenn das Militärregime seit 1985 der Vergangenheit angehört und Brasilien sich, vor allem im Laufe der 90er Jahre unter den Präsidenten Fernando Collor de Mello (03/1990-12/1992) und Cardoso, weitestgehend von der nationalistischen Haltung in der Außenpolitik abwandte, so beeinflusste beim Thema Amazonien diese Haltung noch lange die brasilianische Position.

[8] Im Portugiesischen nennt sich der Mechanismus *Mecanismo de Desenvolvimento Limpo*, MDL. Für eine flüssigere Lesbarkeit wird im Folgenden die englische Abkürzung verwendet.

maforschung (*Centro de Estudos Integrados sobre Meio Ambiente e Mudanças Climáticas*, Centro Clima) an der staatlichen Universität von Rio de Janeiro gründete (Lahsen und Öberg, 2006, 17). Vielmehr etablierte sich das Team des MCTs als *Designated National Authority* (DNA) Brasiliens und als Koordinator der Klimapolitik im Allgemeinen, was das Zentrum der Positionsfindung für die Klimapolitik verschob (Internationale Energieagentur, 2008b).

Im Juni 2000 gründete der damalige Präsident Cardoso das Brasilianische Forum zum Klimawandel (*Fórum Brasileiro de Mudanças Climáticas*, FBMC) und vergrößerte somit den Kreis derer, die Einfluss auf die brasilianische Position und Politik nehmen können.[9] Im Forum sind neben Ministern und weiteren Politikern auch Vertreter aus der Industrie (staatlicher und privater Sektor), der Wissenschaft und verschiedenen Nicht-Regierungs-Organisationen (NGO) vertreten. Den Vorsitz leitet der Staatspräsident. Mit seiner Zusammenstellung von Akteuren aus den verschiedenen Einflussbereichen war dieses Forum zum damaligen Zeitpunkt außerhalb von Industriestaaten ein Novum auf internationaler Ebene. Dies gilt sowohl für die Aufstellung einer nationalen Position als auch für die Internalisierung des Klimaregimes innerhalb des Landes (Viola, 2004, 42). Ziel der Gründung war es, eine Plattform für die Artikulierung und den Austausch von Ideen zum Thema Klimawandel zu schaffen. Das Forum hatte keine Entscheidungsmacht, sondern bildete eine Möglichkeit für Nicht-Regierungs-Organisationen und andere Akteure, ihre Standpunkte den beteiligten Politikern direkt mitteilen zu können (Internationale Energieagentur, 2008a).

Es zeigte sich jedoch, dass das Forum nicht so viel beitragen konnte wie von verschiedenen Seiten erhofft wurde. Zum Teil, weil die verantwortlichen Direktoren unentgeltlich für das Forum arbeiten; vor allem aber aufgrund der fehlenden Unterstützung durch Präsident Luiz Inácio Lula da Silva (Regierungszeit: 01/2003- heute) während dessen erster Regierungsjahre (Lahsen und Öberg, 2006, 18).

Als die Regierung Lula da Silva im Januar 2003 ihre Arbeit aufnahm, zeigte sie insgesamt wenig Interesse am internationalen Regime zum Klimawandel. Lediglich die Ministerien für Umwelt sowie Wissenschaft und Technik hielten die Beteiligung Brasiliens an den Vertragsverhandlungen aufrecht. Erst als im Februar 2005 das Kyoto-Protokoll zu einem rechtlich bindenden Vertrag wurde, erlebten die Aktivitäten der

---

[9] In der Praxis beschäftigten sich bis zum Jahr 2000 nur zwei Personen im MCT mit dem Thema, die für die Arbeit bezüglich der brasilianischen Verpflichtungen aus dem UNFCCC verantwortlich waren und sich hauptsächlich mit der Erstellung eines Emissionsverzeichnisses für Treibhausgase befassten. Siehe hierzu Lahsen und Öberg, 2006, 17.

brasilianischen Klimabewegung einen neuen Aufschwung und die brasilianische Klimapolitik insgesamt einen Aufbruch (Viola, 2008, 6).

Die Interministerielle Kommission für Globalen Klimawandel (CIMGC) gewann als DNA mit Beginn des CDM an Bedeutung. Dem trug die Regierung Rechnung, indem sie 2006 das Gründungsdekret modifizierte, weitere Ministerien in die Kommission aufnahm und eine Verknüpfung zum Brasilianische Forum zum Klimawandel (FBMC) schuf, indem dessen Präsident den Sitzungen der Kommission als Beobachter beisitzt (Ministério da Ciência e Tecnologia, 2006).

Im April 2007 setzte Lula da Silva die Ausarbeitung eines Nationalen Plans zum Klimawandel (*Plano Nacional sobre Mudança do Clima*, PNMC) auf die Agenda, um die Regierungsmaßnahmen in diesem Gebiet zu strukturieren und koordinieren. Im November 2007 gründete er für diesen Zweck durch das Dekret n° 6.263 das Interministerielle Komitee zum Klimawandel (*Comitê Interministerial sobre Mudança do Clima*, CIM), das neben der Erarbeitung des Plans auch für die Ausarbeitung der nationalen Politiken zum Klimawandel zuständig ist. Das Komitee wird vom Büro des Präsidenten koordiniert und besteht aus 17 föderalen Institutionen, hauptsächlich Ministerien, sowie dem Forum zum Klimawandel. Es wurde eine Arbeitsgruppe gegründet (*Grupo Executivo sobre Mudança do Clima*, GEx), die vom Umweltministerium geleitet wird und für Ausarbeitung, Umsetzung, Überwachung und Evaluierung des Nationalen Plans zum Klimawandel zuständig ist (Government of Brazil, 2008, 24f).

Neben den politischen Akteuren der Zentralregierung gibt es auch in der Wissenschaft Beteiligte am Prozess der Entwicklung der Klimapolitik in Brasilien, sowie auf kommunaler und bundesstaatlicher Ebene, in der Zivilgesellschaft und der Industrie. Ihre Anzahl und ihr Einfluss auf die brasilianische Klimapolitik ist aber sehr viel geringer als in den meisten Industrieländern; die öffentliche Diskussion des Themas beschränkt sich überwiegend auf das Thema des Regenwaldschutzes. Aber auch hier ist in den letzten Jahren ein steigendes Interesse, ein zunehmender Einfluss und ein vergrößertes Themenfeld zu erkennen.

In der Wissenschaft beteiligten sich über zwanzig Institutionen an der Erstellung der ersten Nationalen Kommunikation Brasiliens für das UNFCCC, die im November 2004 fertig gestellt wurde. Die aktivsten unter ihnen sind die staatliche Universität von Rio de Janeiro (seit 2000 mit dem Centro Clima) und die Universität São Paulo im Bereich Energie sowie das brasilianische Institut für Raumforschung INPE auf dem Gebiet der Landnutzungsänderungen und Waldwirtschaft. Diese Institutionen beschäftigen sich bereits seit Anfang der 90er Jahre mit dem Klimawandel und sind mit Experten im IPCC vertreten (La Rovere, 2001, 6). Brasilianische Wissenschaftler sind Mitglied in internationalen Arbeits-

gruppen wie auch Institutionen der brasilianischen Regierung und beeinflussen die Klimapolitik nachhaltig. Ihre Anzahl ist begrenzt, weitet
sich jedoch durch die Arbeit an den Universitäten stetig aus.

Auf Initiative des Instituts für Raumforschung (INPE) wurde am
20. November 2007 das *Rede Brasileira de Pesquisas sobre Mudanças Climati-
cas Globais*, kurz *Rede Clima* gegründet. Es ist ein Zusammenschluss von
Angehörigen aus Politik und Wirtschaft und soll zu einer Art brasiliani-
schem IPCC werden. Ziel des Zusammenschlusses ist es, zur Gewinnung
und Anwendung von Kenntnissen und Techniken zum Klimawandel
beizutragen und weiterhin an der Erarbeitung und Verbreitung von öffentlichen Politiken in Brasilien mitzuwirken. Damit das Netzwerk seine
Arbeit aufnehmen kann, hat das MCT zu seiner Förderung im Jahr 2008
10 Mio. Reais bewilligt. Momentan arbeitet die Institution an der Reali-
sierung von Studien bezüglich der Auswirkungen des Klimawandels auf
Brasilien und mögliche Adaptationsmaßnahmen. Carlos Nobre, Mitarbeiter von INPE, leitet das ausführende Gremium. Er trägt dazu bei, die
verschiedenen brasilianischen und internationalen Institutionen zu ge-
meinsamer Arbeit in Bezug auf Mitigation und Adaptation zu verbinden. In zwei bis drei Jahren soll aus diesem Zusammenschluss ein erster
brasilianischer Bericht ähnlich denen des IPCC entstehen (ANDI – Agência de Notícias dos Direitos da Infância, 2009d).

Die NGOs mobilisierten sich nach Desinteresse in der Anfangspha-
se zu Beginn des neuen Jahrtausends eigenständig mit der Bildung des
Klimaobservatoriums (*Observatório do Clima*) durch über 25 Organisationen im März 2002, als sie im Thema Klimapolitik die Möglichkeit er-
kannten, die Schutzmaßnahmen für den Regenwald mit Hilfe des CDM
zu stärken. Ihr zentrales Anliegen ist es, das Thema der Entwaldung in
das Zentrum der brasilianischen Diskussion um das Weltklima zu stellen
(Lahsen und Öberg, 2006, 18).

Die brasilianische Wirtschaft interessierte sich lange gar nicht für
den Klimawandel und zeigt erst seit neuester Zeit Interesse, seit aus dem
Klimawandel neue Absatzmöglichkeiten erwachsen.

Auf bundesstaatlicher Ebene werden einige Bundesstaaten Amazoniens zunehmend Akteure in der Klimapolitik und beteiligen sich
auch an den Internationalen Verhandlungen zum Klimawandel. Dabei
werben sie für ihre eigenen Initiativen und Standpunkte, die sich oft
nicht mit der offiziellen brasilianischen Position decken. Wichtigstes Beispiel ist hier der Vorschlag für einen Amazonasfond auf der Vertragsstaatenkonferenz in Nairobi im November 2006, den die Regierung des
Bundesstaates Amazonas anregte (Román, 2007, 43f).

Auf Ebene der Kommunen sind Städte wie Rio de Janeiro, Curitiba,
Belo Horizonte und Porto Alegre dem Internationalen Netzwerk von

Städten für den Schutz des Klimas (*Cities for Climate Protection*, CCP) beigetreten. Das Büro des CCP für Lateinamerika hat seinen Sitz in Rio de Janeiro (La Rovere, 2001, 6).

2 Nationale Klimapolitik: Entwicklungen auf dem Energiesektor und im Waldschutz und ihre Auswirkungen auf Brasiliens Emissionsprofil

Nach dem Kyoto-Protokoll hat Brasilien noch keine Verpflichtungen, seine Emissionen zu begrenzen oder sogar zu verringern. Dennoch bestehen einige Programme und Initiativen, die zu verringerten Treibhausgasausstößen führen, zum Teil sogar in erheblichem Umfang. Einige Initiativen wurden mit dem Ziel der Emissionsminderung geschaffen, in vielen Fällen war die Begrenzung der Treibhausgase jedoch nicht das eigentliche Anliegen. Vielmehr besteht in Brasilien ein besonderer Zusammenhang zwischen Minderungsmaßnahmen anlässlich des Klimawandels und nachhaltigen Entwicklungsstrategien: Viele Programme haben den Nebeneffekt, Emissionen zu verringern.[10] Dazu zählen vor allem das Ethanolprogramm und PROCEL, die beide dem Bereich der nachhaltigen Entwicklung zugehören und die Nutzung von erneuerbaren Energien beziehungsweise eine verbesserte Energieeffizienz anstreben (La Rovere, 2001, 7).

Während Brasilien auch bei diesen Programmen bis ins neue Jahrtausend die positiven Klimawirkungen solcher Aktivitäten nicht besonders hervorhob, nutzt die Regierung heute die Nebeneffekte öffentlichkeitswirksam aus. Zudem startete sie neue Programme wie PROINFA und das Biodieselprojekt, die mit der Intention der Emissionsminderung entworfen wurden (La Rovere und Santos Pereira, 2007, 3).

Der Anteil erneuerbarer Energien ist in Brasilien sehr hoch, v.a. aufgrund des hohen Anteils von Wasserkraft. Gegenwärtig liegt der Anteil erneuerbarer Energien am Energiemix des Landes bei 45,8%, während der weltweite Durchschnitt bei 12,9% liegt. Beim Elektrizitätsmix liegt der Prozentanteil sogar noch höher und erreicht 89,0% (Governo Federal, 2008, 9). Die Regierung nutzt diese Eigenschaft und betont national wie international nachhaltig diesen „sauberen" Energiemix.

Brasilien arbeitet besonders in drei Bereichen daran, sie zu erhalten und sogar auszubauen. Das sind die Bereiche Biokraftstoffe, Elektrizitätsgewinnung durch erneuerbare Energien sowie Energieeffizienz. Die Entwicklungen in diesen drei Bereichen sollen im Kapitel 2.1 dargelegt werden.

---

[10] Reid/Goldemberg stellen in einem Artikel aus dem Jahr 1998 auf Grund empirischer Daten fest, dass in mehreren Entwicklungsländern seit 1992 signifikante Emissionsminderungen stattfanden, die vielleicht sogar diejenigen aus den Industriestaaten übersteigen, jedoch keine dieser Kohlendioxideinsparungen aus Politiken zum Klimawandel resultierte, sondern vielmehr in allen Fällen Nebeneffekte aus Maßnahmen entstanden, die mit wirtschaftlichen, sozialen und gesundheitspolitischen Zielen eingeführt wurden. Siehe hierzu Reid und Goldemberg, 1998, 236.

Durch die geringen Emissionen aus der Nutzung fossiler Energieträger und den hohen Anteil erneuerbarer Energien versuchte Brasilien
lange Zeit, sich als Klima-Musterland darzustellen. Die Regenwaldab-
holzung versuchte man aus der Diskussion fernzuhalten und betonte das
Recht auf wirtschaftliche Entwicklung, für dessen Erreichen man auf die
Nutzung des Amazonasgebietes angewiesen sei. Bei Emissionsprofilen
gab das Land nur die Gase an, die aus dem Energiesektor stammten, dabei sind die Emissionen vor allem aus der Landnutzungsänderung für
einen großen Teil aller Treibhausgasausstöße Brasiliens verantwortlich.

Erst als international die Diskussionen um Emissionen aus dem Bereich Landnutzung, Landnutzungsänderung und Forstwirtschaft
(LULUCF) immer stärker wurden und durch das erhöhte Bewusstsein
auch verstärkt internationale Gelder für den Schutz internationaler Wälder gewonnen werden konnten, lenkte die brasilianische Regierung ein
und begann in jüngster Zeit die Wirtschaftsförderung mit Klimazielen zu
verbinden und eine nachhaltige Entwicklung der Region zu fördern, die
das Biom Amazonien nutzt, aber nicht übernutzt. Die Initiativen der Regierung, mit denen der Abholzung des Regenwaldes begegnet werden
soll, werden im Kapitel 2.2 vorgestellt.

2.1 Der Energiesektor: Erneuerbare Energien und Energieeffizienz

Bereits vor zwei Jahrzehnten begann Brasilien mit der Einführung
von Programmen, die die Nutzung von erneuerbaren Energiequellen
förderten. PRODEEM (Programm zur Elektrifizierung ländlicher Gebiete), PROEÓLICA (Förderung von Windenergie) und PCH-COM (Förderung kleiner Wasserkraftanlagen) brachten erste Erfahrungen in der
Förderung erneuerbarer Energien, vor allem mit dem Ziel der Diversifizierung des Energiemixes. Die Programme brachten aber nicht die ge-
wünschten Ergebnisse, einzig das PCH-COM-Programm erreichte einen
Großteil seiner Ziele (Ruiz, Rodríguez und Bermann, 2007, 2993). Diese
Projekte legten aber die Grundlage für neue Programme, die heute mit
Erfolg ihre Umsetzung erfahren. Sie werden in den folgenden Unterkapiteln vorgestellt.

Weiterhin beschäftigt sich das Kapitel mit Programmen zur Energieeffizienz sowie den Biokraftstoffen.

2.1.1 Biokraftstoffe

Brasilien ist weltweit führend auf dem Markt für Biokraftstoffe. Es hat bereits seit 1975 Erfahrungen in der Produktion von Bioethanol aus Zuckerrohr und seit jüngster Zeit auch ein großes Programm zur Herstellung von Biodiesel. Dabei hat Brasilien gute Bedingungen für eine Nutzung dieser erneuerbaren Energiequelle, da die Gewinnung von Ethanol aus Zuckerrohr eine bedeutend bessere Energiebilanz aufweist als bei Herstellung aus anderen Rohstoffen, wie zum Beispiel Mais oder Weizen.

2.1.1.1 Das brasilianische Ethanolprogramm: *Proalcool*

Als im Jahr 1975 das Nationale Ethanolprogramm *Proalcool* gestartet wurde, zu einer Zeit in der die internationalen Preise für Zucker rapide fielen und die Ölkrise die Auslandsschulden des Landes gesteigert hatte, dachte niemand an Klimapolitik und die Einsparung von Treibhausgasen. Vielmehr hatte das Programm bei seiner Gründung zum Ziel, die Abhängigkeit Brasiliens von Devisen und das Handelsbilanzdefizit zu verringern.[11] Ölimporte sollten ersetzt werden durch den Einsatz von aus Zucker gewonnenem Ethanol. Das Programm bildet bis heute die größte kommerzielle Anwendung von Biomasse zur Produktion und Nutzung von Energie weltweit (La Rovere und Santos Pereira, 2007, 3).

Zunächst sollten in einer ersten Phase des Programms (1975-79) Anreize geschaffen werden,[12] um die Destilleriekapazitäten der vorhandenen Zuckermühlen zur Produktion von nicht-hydratisiertem Ethanol auszuweiten, das Normalbenzin bis 1980 mit einer Quote von 20% beigemischt werden sollte (Szklo et al., 2005, 351). Die Ethanolproduktion stieg von 600 Mio. Liter pro Jahr (1975-76) auf 3,4 Mrd. Liter pro Jahr

---

[11] Proalcool war dabei nur eine mehrerer Energiepolitikmaßnahmen. Weiterhin gab es ein Programm zur Produktion von Öl, ein Thermalelektrizitätsprogramm (thermal Electric Program) und Conserve, ein Programm zur Steigerung der Energieeffizienz. Siehe dazu Ministério da Ciência e Tecnologia, 2004.

[12] Zu den Maßnahmen, die Proalcool förderten, gehören

(a) Steuerbefreiungen und zinsgünstige Darlehen für den Bau von Ethanoldestillerien;

(b) eine Staatsgarantie, eine festgelegte Menge an Ethanol durch die staatliche Ölfirma *Petrobras* zu einem für die Produzenten gewinnbringenden Preis zu kaufen und

(c) ein festgelegter Endverbraucherpreis, der 59 % (später 80%) desjenigen von Benzin entspricht.

Dies wurde durch eine Quersubventionierung finanziert, in der die Steuern für Benzin und Diesel die Ethanolproduktion teilweise finanzierten. Siehe hierzu Persson und Azar, 2004,10 sowie Román, 2007, 71 und Moreira und Goldemberg, 1999, 234f.

28

(1979-80). Im Jahr 1978 wurden die ersten Autos produziert, die mit reinem Ethanol angetrieben wurden (Ministério da Ciência e Tecnologia, 2004, 171ff).

Als der zweite Ölpreisschock 1979 den Preis pro Barrel verdreifachte und die Ölimporte 46% der brasilianischen Gesamtimporte 1980 ausmachten, ergriff die Regierung weitere Maßnahmen, um das Programm vollständig umzusetzen. Sie startete dessen zweite Phase (1979-85), in der auch neue Destillerien aufgebaut werden sollten, die reines hydratisiertes Ethanol für den Betrieb der Autos mit reinem Ethanolantrieb herstellen sollten (Szklo et al., 2005, 351). Mit 12,3 Mrd. Litern produziertem Ethanol in den Jahren 1986 und 1987 wurden die Ziele des Programms übererfüllt; 1986 erreichte auch die Produktion ethanolbetriebener Autos mit Ottomotor mit einem Anteil von 76,1% an allen in Brasilien hergestellten Fahrzeugen (95% der verkauften Autos mit Ottomotor für den einheimischen Markt in 1985) ihren Höhepunkt (Ministério da Ciência e Tecnologia, 2004, 173).

Nach 1987 begann eine Phase der Stagnation, die zur Implosion des Programms führte. In den folgenden zehn Jahren sank der Verkauf ethanolbetriebener Autos auf 0,5% desjenigen aller Neuwagen. Neben der brasilianischen Schuldenkrise von 1982[13] lagen die Gründe für diese Entwicklung in steigenden Preisen für Zucker auf dem Weltmarkt, die die Produktion des Lebensmittels gewinnbringender werden ließen als die von Ethanol. Dies führte dazu, dass die Produktionsmenge sank und die Nachfrage nach Ethanol nicht mehr befriedigt werden konnte, weshalb die Ethanolindustrie schwere Glaubwürdigkeitsverluste erlitt. Weitere Gründe lagen im Einbruch der Ölpreise nach 1986, die Benzin wettbewerbsfähiger machten,[14] und in der Entdeckung großer Ölfelder vor der Küste Brasiliens, die das Thema der Versorgungssicherheit mit dem fossilen Brennstoff von der Agenda strichen (Román, 2007, 71).

Als 1997 die Deregulierung des Energiemarktes stattfand, reformierte die Regierung das Programm radikal. Noch in demselben Jahr wurde der Preis für hydratisiertes Ethanol freigegeben, 1999 dann auch die Preise für nicht-hydratisiertes Ethanol dereguliert. Alle Subventionen für die Produzenten liefen aus oder wurden radikal gekürzt. Das Monopol *Petrobras'* für den Vertrieb von Ethanol wurde aufgehoben. Die Ethanolproduktion war somit den Marktkräften überlassen; die Politik konnte nur noch über die Festlegung des Anteils von nicht-hydratisiertem

[13] Siehe hierzu auch Koizumi, 2003, 2.
[14] Trotz steigender Produktivität in der Ethanolherstellung waren die Produktionskosten für Ethanol 1999 höher als der Benzinpreis. Selbst für die effektivsten Destillerien in São Paulo gilt, dass die Ölpreise oberhalb von 30 $US pro Barrel liegen müssen, damit Ethanol eine ökonomisch sinnvolle Alternative ist. Siehe hierzu La Rovere, 2001, 8.

Ethanol im Benzingemisch Einfluss nehmen (Koizumi, 2003, 2). 1998 wurde dieser aufgrund sinkender Zuckerpreise auf dem Weltmarkt mit einem Minimum von 22% festgelegt, um die Nachfrage nach Zuckerrohr hochzuhalten.

Infolge dieser Maßnahmen schien die Zukunft des Sektors zunächst ungewiss, im neuen Jahrhundert jedoch begann ein erneuter Boom. Die Deregulierung hatte den Weg für neue Akteure freigemacht; mit steigenden Ölpreisen und einer bereitstehenden Produktionsindustrie für Ethanol gab es zudem strategische Wettbewerbsmöglichkeiten für Automobilhersteller, neue Märkte zu erschließen. Volkswagen brachte im März 2003 einen neuen Motor auf den Markt, der mit beliebigen Anteilen von Benzin und/oder Ethanol betrieben werden kann. Mit diesem so genannten Flexfuel-Motor, der von anderen Automobilherstellern übernommen wurde, begann eine rasant steigende Nachfrage nach Ethanol. Nach 48.200 verkauften Autos mit dem neuen Motor in 2003 waren es 2005 bereits 1,2 Mio., was die Nachfrage nach hydratisiertem Ethanol exponentiell ansteigen ließ (Román, 2007, 72). 2008 wurden bei Ethanolpreisen,

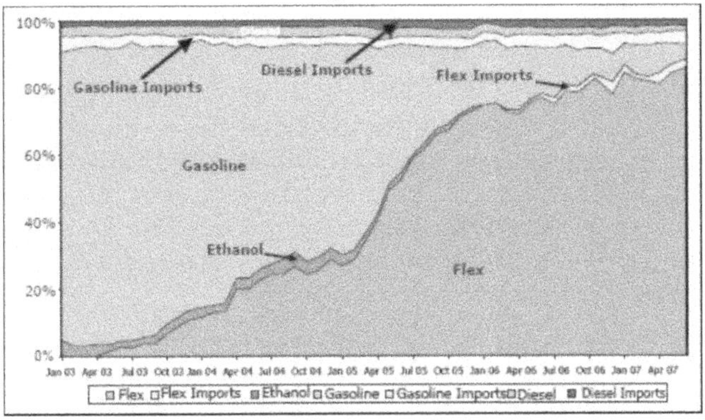

Abbildung 1: verkaufte leichte Nutzfahrzeuge für den brasilianischen Markt nach Treibstofftyp
Quelle: Ministério das Relacoes Exteriores et al., 2007, 29.

die bei etwa der Hälfte des Preises für herkömmliches Benzin lagen (Energy Information Administration, 2008, 96), 2,329 Mio. Flexfuel-Autos verkauft, was einen prozentualen Anteil an den verkauften leichten Nutzfahrzeugen von 87,2% bedeutet. Ohne die Weltwirtschaftskrise hätten die absoluten Zahlen vermutlich noch höher gelegen (Reuters Brasil, 2009).

Laut dem World Energy Outlook (WEO) von 2006 wird der Anteil an ethanolbetriebenen und Flexfuel-Fahrzeugen weiter steigen und die Nachfrage nach Biokraftstoffen für den Transportsektor daher von 6,4 Mt in 2004 auf 20,3 Mt in 2030 steigen, was eine jährliche Zuwachsrate von 4,6% bedeutet (International Energy Agency, 2006, 457). Das überaus dynamische Wachstum des Marktes wird deutlich, wenn man sieht, dass die Regierung in ihrem *Nationalen Plan zum Klimawandel* aus 2008 von einer jährlichen Steigerung der Nachfrage auf dem Binnenmarkt von 11% ausgeht. Es wird ein Wachstum von 20,3 Mrd. Liter Ethanol im Jahr 2008 auf 52,2 Mrd. Liter im Jahr 2017 erwartet. Zusätzlich wird eine Steigerung des Exports von 4,2 Mrd. Liter (2008) auf 8,3 Mrd. Liter (2017) veranschlagt (Governo Federal, 2008, 41f). Man erwartet, dass bis 2012/2013 die Ethanolproduktion 36 Mrd. Liter pro Jahr erreicht. Damit könnten 50% des Benzins ersetzt werden, das ansonsten in Brasilien verbrannt werden würde (Goldemberg und Guardabassi, 2008, 3).

17,7 Mrd. Liter Ethanol wurden im Jahr 2006 aus Zuckerrohr produziert, davon 15% für den Export. Ethanol machte etwa 40% am Gesamtkraftstoffverbrauch in Brasilien aus. 2007 betrug die Anbaufläche von Zuckerrohr etwa 5,3 Mio. Hektar; die Ernte ging 2006 jeweils zur Hälfte in die Zuckerherstellung und die Produktion von Ethanol. An günstigen Standorten beträgt die Produktion pro Hektar bis zu 9000 Liter Ethanol. Zwischen 2001 und 2006 stieg der Export des Biokraftstoffs um das Neunfache. 2006 erreichte der Exporterlös 1,6 Mrd. US$ (Hermanns, 2007, 2).

Brasilien will Ethanol zu einem globalen Handelsgut entwickeln. Es unterstützt daher andere Länder, vorwiegend in Zentralamerika und Afrika,[15] mit Technik und Know-how und verstärkt seine Handelsbeziehungen auf dem Gebiet der Energien, beispielsweise mit dem Energieabkommen mit den USA von 2005 (Román, 2007, 75) sowie dem mit Deutschland von 2008.

Der Boom in dieser Industrie bringt aber auch verschiedene Probleme sozialer, ökologischer und ökonomischer Natur mit sich,[16] die momentan international diskutiert werden.[17] Der Umfang der Diskussion ist aber so groß, dass er den Rahmen dieser Arbeit sprengen würde. Daher

---

[15] 2006 unterzeichnete Brasilien auch mit Indien ein Abkommen, um dem Land beim Aufbau einer Ethanolindustrie zu helfen. Die brasilianische Regierung glaubt, dass eine steigende Zahl von Anbietern den globalen Ethanolmarkt vergrößern wird. Siehe hierzu International Energy Agency, 2006, 476.

[16] Zu diesen Problemen gehören beispielsweise ein geringes Umweltbewusstsein, die Ausweitung der Ackerflächen und eine verringerte Nahrungsmittelproduktion. Deutschland hat sich aus diesen Gründen für eine Förderung der nachhaltigen Entwicklung ausgesprochen und nur unter diesen Bedingungen ein Energieabkommen mit Brasilien unterzeichnet. Fraglich ist allerdings, ob es gelingt, funktionierende Kontrollmechanismen zu etablieren.

[17] Dass dabei in Brasilien die Biokraftstoffe von Politik und Wissenschaft zum Großteil positiv bewertet werden, ist angesichts des großen ökonomischen Nutzens, den dieser Industriezweig bringt, verständlich. Goldemberg rechnet beispielsweise in einer Studie von 2007 vor, dass auch eine brasilianische Produktionsausweitung um den Faktor 10 und somit eine Ethanolproduktion, die 10% des weltweit verbrauchten Benzins ersetzen könnte, auf die Nahrungsmittelproduktion keinen signifikanten Einfluss hätte und auch keine ökologische Bedrohung darstellen würde. Siehe dazu Goldemberg, 2007.

wird das Thema im Weiteren nur soweit berührt, als es für die Ziele der Arbeit wichtig ist.

Verwiesen sei aber darauf, dass Brasilien im Februar 2009 einen Plan zur Gebietseinschränkung von Zuckerrohranbau veröffentlichen will (*Zoneamento Agroecológico da cana-de-açúcar*, ZAE). Dadurch soll erreicht werden, dass keine geschützten Landflächen dem Anbau zu Opfer fallen und auch die Nahrungsmittelproduktion nicht eingeschränkt wird. Brasilien ist nach Einschätzung des Umweltministers das vielleicht einzige Land, das die Produktion von Ethanol und anderen Biokraftstoffen ausweiten kann, ohne einen einzigen Hektar mit ursprünglicher Bewachsung oder der Nahrungsmittelproduktion dafür verwenden zu müssen.

Weiterhin soll noch im ersten Quartal 2009 ein Gesetz zur progressiven Verringerung des Abbrennens der Felder vor der Ernte verabschiedet werden. In diesem soll die Reduzierung um 20% bis 2010, 30% bis 2012, 50% bis 2014, 80% bis 2018 und schließlich 100% bis 2020 festgelegt werden (Eco Desenvolvimento, 2009).

Der Nutzen des Biokraftstoffs für das Klima ist nicht eindeutig zu beziffern, da sich die Ergebnisse der verschiedenen Studien nicht decken. Eindeutig ist aber, dass die Energiebilanz[18] für Ethanol aus Zuckerrohr weitaus besser ist als diejenige für Biokraftstoffe, die aus anderen Rohmaterialien hergestellt werden. Die Energiebilanz für Zuckerrohr beziffert Macedo mit 1:8,9; alle anderen Rohmaterialien haben eine Energiebilanz von weniger als der Hälfte (Macedo, 2007, 157). Die IEA spricht in einer Studie von einer Energiebilanz von 1:8 für Ethanol aus Zuckerrohr und nur 1:1,2 (oder niedriger) für solches aus Mais; die Werte sind somit in etwa vergleichbar. Sie kommt zu dem Schluss, dass Biokraftstoffe beinahe CO_2-neutral sein können, was bei Ethanol aus Zuckerrohr der Fall sei, unter Umständen jedoch auch nur zu einer Einsparung von 13% der Emissionen pro gefahrenem Kilometer beitragen (Ölz, Sims und Kirchner, 2007, 58).

Raw Material	Renewable energy/ fossil fuel use
Corn ethanol (USA)	1.3
Sugar cane ethanol (Brazil)	8.9
Beet ethanol (Germany)	2.0
Sweet sorghum ethanol (Africa)	4.0
Wheat ethanol (Europe)	2.0
Cassava ethanol	1.0

Abb. 2: Energiebilanz für die Herstellung von Kraftstoffen nach Rohmaterialien. Quelle: Macedo, 2007.

Dank dieser sehr positiven Energiebilanz für Ethanol aus Zuckerrohr zeigen Goldemberg, Teixeira Coelho und Guardabassi in ihrer Stu-

---

[18] Als Energiebilanz wird der Aufwand von Primärenergie in Relation zur Nutzenergie bezeichnet.

32

die,[19] dass durch den Ethanolsektor Emissionen in einer Höhe eingespart werden, die 13% aller brasilianischen Treibhausgase aus Industrie, Gewerbe und Haushalten entsprechen. 2003 wurden laut ihrer Studie 33,2 Mio. Tonnen CO_2-Äquivalent eingespart, wovon 82,8% auf den Ersatz von Benzin durch Ethanol entfallen, die übrigen 17,2% auf die Verwendung von Bagasse in der Elektrizitätsproduktion (Goldemberg, Teixeira Coelho und Guardabassi, 2008, 2087).[20] Die *Nationale Kommunikation* spricht von Emissionseinsparungen durch die Ersetzung von Benzin für den Zeitraum von 1975 bis 2000 von 110 Mio. Tonnen CO_2 pro Jahr (Ministério da Ciência e Tecnologia, 2004, 175).[21] Macedo zeigt, dass die Menge an Emissionseinsparungen auch von der Verwendung des Ethanols abhängt. Sie ist bei einer Beimischung zu Benzin höher als bei der Nutzung von reinem Ethanol (Macedo, Seabra und Silva, 2008, 583).

Macedo berechnet in seiner Studie von 2008 die Energiebilanz und die Emissionen aus der Produktion von Ethanol für eine vorsichtige Schätzung für 2020. Er kommt dabei zu dem Ergebnis, dass die Energiebilanz dank der verstärkten Anwendung von bereits heute verfügbaren Technologien noch auf 11,6 steigen könnte (Macedo, Seabra und Silva, 2008, 590). In einer weiteren Studie berechnet er für zwei weitere Szenarien, die von einer deutlich verstärkten Biomassenutzung beziehungsweise einer erhöhten Ethanolproduktivität ausgehen, einen Anstieg der Energiebilanz auf 12,1 für 2020. In diesem Fall würden die Treibhausgaseinsparungen von 79% für 2005/2006 auf 86% in 2020 steigen, wenn nur der Kraftstoff berücksichtigt wird, oder sogar von 86% auf 95% bis 120%, je nach Szenario, wenn auch die Stromgewinnung aus Bagasse berücksichtigt wird (Macedo und Seabra, 2008, 96ff).

Für diese Studien wurde eine Sensitivitätsanalyse durchgeführt, um den Einfluss einiger signifikanter Parameter auf die Energie- und Emissionsbilanz zu messen. Die Ergebnisse haben gezeigt, dass die Produktivitätsrate in der Verarbeitung und die Ernteerträge besonderen Einfluss auf diese Bilanzen haben (Macedo, Seabra und Silva, 2008, 591ff). Dies liegt besonders daran, dass das Zuckerrohr zwischen 60 und 70% der Kosten von Ethanol ausmacht. Bereits in der Vergangenheit konnte eine große Steigerung der Ernteerträge erreicht werden, besonders auch aus der Mechanisierung der Ernte (International Energy

---

[19] Goldemberg, Teixeira Coelho und Guardabassi zeigen in ihrer Studie, dass sogar bei einem Export nach Europa trotz des Energieaufwandes für den Transport noch eine positive Bilanz verbleibt. Siehe hierzu Goldemberg, Teixeira Coelho und Guardabassi, 2008, 2087.

[20] Siehe hierzu auch Kapitel 2.1.2.3.

[21] Zusätzlich habe das Programm den Import von 550 Mio. Barrel Öl eingespart und somit die Nachfrage nach ausländischen Devisen um 11,5 Mrd. US$ gesenkt. Zu weiteren makroökonomischen Effekten des Programms siehe auch La Rovere, 2001, 8.

Agency, 2006, 477f). In den letzten Jahren stieg die Produktivität um 6% (Goldemberg, 2007, 809), während die Kosten um 2% sanken (Ministério das Relações Exteriores et al., 2007, 23). Es ist daher zu erwarten, dass durch eine weitere Produktivitätssteigerung sowohl der Preis für Ethanol sinken wird als auch die ökologische Bilanz des Biokraftstoffs weiter verbessert werden kann. Die Perspektiven für Ethanol sind daher klimapolitisch positiv zu bewerten.

2.1.1.2 Biodiesel

Ein weiteres Programm, das Biokraftstoffe fördert, ist das Biodieselprogramm PNPB (*Programa Nacional de Produçao e Uso de Biodiesel*) von 2005. Die Einsparung von Treibhausgasemissionen ist allerdings wieder nur ein Nebeneffekt, diesmal allerdings ein antizipierter. Biodiesel ist primär ein Programm für regionale Entwicklung und soziale Integration (Román, 2007, 89).

Die brasilianische Regierung sieht in der Förderung des nachwachsenden Treibstoffs eine Möglichkeit, ärmste Kleinbauern in strukturschwachen Regionen, vornehmlich im Norden Brasiliens, zu unterstützen und ihre soziale Aufnahme durch die Schaffung neuer Jobs und Einkommensmöglichkeiten zu fördern. Weitere Vorteile liegen nach offizieller Meinung in der Chance, die Ölimporte weiter senken zu können und somit die Außenhandelsbilanz zu verbessern. Zudem soll eben auch die Stärkung erneuerbarer Energien im Energiemix und die Verbesserung der Umweltbedingungen[22] durch die Förderung nachhaltiger Entwicklung erreicht werden (Ministério das Relações Exteriores et al., 2007, 25).

Um Einkommensungleichheiten weiter zu verringern, fördert die Regierung mit dem Programm Kleinbauern in den ärmsten Regionen durch finanzielle und technische Hilfen. So soll ökonomische, soziale und umwelttechnische Nachhaltigkeit erreichbar werden „with a view to transforming biodiesel production into a development vector" (Ministério das Relações Exteriores et al., 2007, 26).

Nachdem bereits Jahrzehnte in Brasilien über Biodiesel geforscht wurde, errichtete Präsident Lula da Silva 2003 eine Interministerielle Arbeitsgruppe für eine Machbarkeitsstudie zu einem Biodieselprogramm unter Leitung des Ministeriums für Bergbau und Energie (Ministério de

---

[22] Die verschiedenen offiziellen Internetseiten, auf denen das Programm vorgestellt wird, machen deutlich den Eindruck, verschiedene Aspekte in den Vordergrund zu stellen, je nachdem an welche Leserschaft sie sich richten. Die brasilianischen Seiten der verschiedenen für das Programm verantwortlichen Stellen sprechen die Vielzahl der Vorteile an und stellen die sozialen Ziele in den Vordergrund, während auf internationalen Seiten nur auf das Politikziel der Förderung erneuerbarer Energien eingegangen wird.

34

Minas e Energia, MME). Noch im selben Jahr wurde ein Plan für das Programm vorgelegt, 2004 das Programm vollständig ausgearbeitet und eingeführt. Im Januar 2005 wurde ein Gesetz erlassen, das die Beimischung von einem Anteil von 2% Biodiesel (B2), einem Mix aus pflanzlichem Öl und Ethanol, zu dem herkömmlich hergestellten Treibstoff bis 2008 verpflichtend machte. Für 2013 verfügte das Gesetz eine Quote von 5% (CEIB- Comissão Executiva Interministerial, 2009). Die durch das Programm festgelegten rechtlichen Rahmenbedingungen – sie berücksichtigen die verschiedenen nutzbaren Ölsaaten zur Produktion, enthalten Maßnahmen für ein garantiertes Angebot, legen Qualitätsstandards fest und schreiben die soziale Inklusionspolitik fest – machen Biodiesel wettbewerbsfähig (Ministério de Minas e Energia, 2007, 3). Im Juli 2007 lag die Produktionskapazität für Biodiesel, die von der Nationalen Öl-, Erdgas- und Biokraftstoff-Agentur ANP (Agência Nacional do Petróleo, Gás Natural e Biocombustíveis) als zuständiger Behörde akkreditiert war, deshalb bei 1,6 Mrd. Litern pro Jahr, produziert von 35 Fabriken und verkauft durch mehr als 5000 Vertriebspartner. Dies war bereits mehr als die doppelte Menge, die für das Erreichen des 2%-Ziels bei einem nationalen Dieselverbrauch von 40 Mrd. Litern im Jahr benötigt wurde (Ministério das Relações Exteriores et al., 2007, 27f). Als im Januar 2008 das Gesetz in Kraft trat, verkauften alle Tankstellen in Brasilien bereits ausschließlich B2-Biodiesel. Aufgrund der hohen Kapazitäten wurde im März 2008 die Auflage modifiziert und die Quote für Juli desselben Jahres auf 3% erhöht (Internationale Energieagentur, 2008d). Gegenwärtige Studien prüfen, ob das 5%-Ziel bereits auf das Jahr 2010, anstatt wie ursprünglich vorgesehen auf das Jahr 2013, vorgezogen werden kann. Die Regierung hat diese Änderung zu ihrem Ziel erklärt. Damit könnte der Anteil an Biodiesel im Treibstoffmix des Transportsektors Brasiliens um 60% gegenüber dem aktuellen Niveau gesteigert werden (Governo Federal, 2008, 10).

Diesel stellt in Brasilien, anders als in Europa, wo er dank seiner niedrigen Sulfitwerte aufgrund von Umweltvorteilen unterstützt wird, ein großes Umwelt- und Gesundheitsproblem dar. Brasilianischer Diesel hat eine so schlechte Qualität, dass er einer der Hauptgründe für die Luftverschmutzung in den Städten ist. Der sauberere Biodiesel bietet hier Vorteile.

Global gesehen ist die Frage, wie hoch das Potenzial für Emissionsminderungen sein kann, aber ein noch wichtigerer Beitrag. Während in Europa die Front gegen die These vom Nutzen der Biokraftstoffe immer größer wird, so spricht man in Brasilien nach wie vor sehr positiv von ihnen. Dies gilt nicht nur für Ethanol, sondern auch für Biodiesel. Román verweist auf verschiedene Studien, die die CO_2-Emissionen von Biodiesel als 40-60% niedriger einstufen als diejenigen, die bei der Verbrennung herkömmlichen Diesels entstehen. Unter Berücksichtigung der Photosynthese während des Wachstums der Ölsaaten, aus denen der Biodiesel hergestellt wird, hätte der Biokraftstoff Emissionen von nahezu null (Román, 2007, 82). Hierbei gilt es zu beachten, dass die Energiebilanz von Biokraftstoffen extrem von den Bedingungen abhängen, die für den Anbau der Agrarpflanzen gegeben sind, aus denen die Treibstoffe gewonnen werden. Wie bei Ethanol sind diese für Ölsaaten in Brasilien klimatisch bedingt weitaus günstiger als beispielsweise in Deutschland.

Ein weiterer positiver Umweltbeitrag aus der Biodieselherstellung könnte die Energiegewinnung aus Kraft-Wärme-Kopplung[23] während des Produktionsprozesses sein. Diese findet bisher noch nicht statt. Studien zeigen aber großes Potenzial und müssten verstärkt durchgeführt werden, um diese Art der Energieerzeugung anzuregen (Román, 2007, 82).

2.1.2 Elektrizitätsgewinnung aus erneuerbaren Energien

Neben den Programmen im Transportsektor für die Produktion von Biokraftstoffen gibt es in Brasilien eine Reihe von Maßnahmen, die die Elektrizitätsgewinnung aus alternativen Energiequellen fördern sollen. Brasilien, das über 80% des Stroms durch Wasserkraft und über 40% seines Energiemixes aus erneuerbaren Ressourcen gewinnt, hat trotz des bereits hohen Anteils auch im internationalen Vergleich noch ein großes Potenzial für die Erzeugung von Energie aus erneuerbaren Quellen. Wert legt die Regierung auf deren Ausnutzung besonders auch, um eine Diversifizierung seines Energiemixes zu erreichen, da die einseitige Versorgung durch Wasserkraft starke klimatische Abhängigkeiten bedeutet.

---

[23] Siehe hierzu Kapitel 2.1.2.3.

2.1.2.1 Wasserkraft

Brasilien ist ein Land mit kontinentalen Ausmaßen und acht Niederschlagsgebieten. Die Wasserproduktion, verstanden als durchschnittliche Wassermenge, die die Flüsse dem Meer zutragen, beträgt 168.790 m³/s. Bezieht man den Wasserfluss mit ein, der aus dem Ausland in brasilianisches Gebiet fließt, so beträgt die gesamtverfügbare Wassermenge über 250.000 m³/s. Das Potenzial für die Gewinnung von Wasserkraft wird in Brasilien auf 1.268 TWh/Jahr geschätzt; im Jahr 2000 wurden davon nur 24% genutzt (Ministério da Ciência e Tecnologia, 2004, 182f).

Bereits in den 50er Jahren entstanden die ersten Großstaudämme zur Energiegewinnung. Der Grund für die starke Nutzung der Wasserkraft bereits vor dem ersten Ölschock lag in den niedrigen Herstellungskosten für diese Art der Energiegewinnung, der relativen Nähe zu den Verbrauchern, recht niedrigen Diskontraten (um 10% pro Jahr) sowie dem Zugang zu Krediten mit niedrigem Zinsniveau (unter 6% pro Jahr). Selbst in den 60er Jahren, als die Ölpreise auf ihr tiefstes Niveau fielen und die Transportkosten stark abnahmen, hatte Wasserkraft noch Wettbewerbsvorteile gegenüber anderen Arten der Elektrizitätsgewinnung. Der Anteil der Wasserkraft an der Gesamtstromgewinnung Brasiliens lag in den letzten 100 Jahren immer zwischen 76% und 87% (Ministério da Ciência e Tecnologia, 2004, 183).

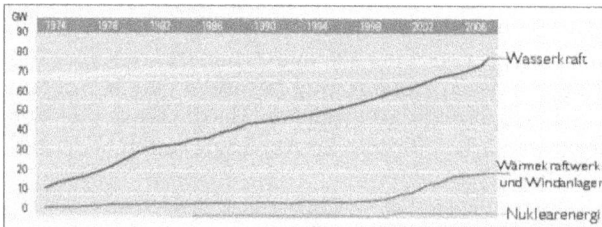

Abb. 3: Installierte Leistung für die Stromerzeugung
Quelle: Empresa de Pesquisa Energética, 2008.

Die Stromproduktion[24] betrug in Brasilien im Jahr 2007 insgesamt 444,6 TWh, das sind 6% mehr als im Vorjahr. Wasserkraft bildete dabei den Hauptanteil und stieg im Vergleich zum Vorjahr um 7% an. Die Stromproduktion aus fossilen Energieträgern stieg um 8,8%.[25] Auch in Zukunft wird der Stromverbrauch des Landes weiter steigen, da ein Wirtschaftswachstum anders nicht erreicht werden kann. Bei der Erweiterung der Stromerzeugung wird Wasserkraft weiterhin eine große Rolle spielen (Governo Federal, 2008, 30f), und das trotz der Energiekrise von 2001. In dieser er-

---

[24] Hierbei eingerechnet ist sowohl die Stromproduktion für die Einspeisung ins öffentliche Netz als auch diejenige zur Eigennutzung. Mit etwa 90% der Gesamtproduktion bildet die Stromerzeugung für die Einspeisung ins öffentliche Netz nach wie vor den Hauptanteil. Siehe hierzu Empresa de Pesquisa Energética, 2008, 10.

[25] Hier sank der Anteil an Nuklearkraftwerken (-12,3%) und an Erdgas (-18,6%) stark. Siehe hierzu Empresa de Pesquisa Energética, 2008, 10.

fuhr Brasilien einen unvorhergesehenen Ausfall an Stromerzeugung durch ausbleibenden Regen, der die Regierung zu einer Rationierung des Stroms zwang.[26] Zu einer ähnlichen Krise könnte es schon bald wieder kommen. Daher werden die Ausweitung der Stromproduktion und deren Diversifizierung als zwei Hauptprioritäten in Brasilien angesehen, um die Abhängigkeit von der Wasserkraft zu verringern (Román, 2007, 33).

Allerdings ist auch die Inanspruchnahme von bisher ungenutzter Wasserkraft notwendig, wenn man ein ähnlich sauberes Profil des Energiemixes halten will, wie es derzeit existiert. Zudem sind die Bedingungen für die Nutzung von Wasserkraft sehr vorteilhaft.[27] Daher führt das MME Machbarkeitsstudien für die verschiedenen Gebiete durch, in denen Wasserkraftwerke gebaut werden könnten. Hierbei werden technische, ökonomische und auch sozio-ökologische Aspekte betrachtet (Governo Federal, 2008, 31).

Brasilien besitzt heute (Stand 16.2.2009) 77.568 MW an Wasserkraft in Nutzung; 8.869 befinden sich im Bau und für weitere 11.095 MW ist eine Genehmigung erteilt (ANEEL- Agência Nacional de Energia Elétrica, 2009). Im Jahr 2007, dem Basisjahr für die Nationale Energiebilanz (BEN), betrug der Anteil an Wasserkraft am internen Energieangebot 74,3%. Weiterhin wurden 8,5% des Energieangebots importiert. Diese stammen hauptsächlich auch aus Wasserkraftanlagen, womit der Anteil an Wasserkraft in der Stromversorgung auf gut 80% steigt (Empresa de Pesquisa Energética, 2008, 11f). In der Studie *Plano Decenal de Expansão de Energia* (PDE 2007/2016), dem Energieerweiterungsplan für das nächste Jahrzehnt (veröffentlicht im ersten Halbjahr 2008), geht das MME von der Neuinstallation von 34.460 MW allein an Wasserkraft zwischen 2007 und 2016 aus (Governo Federal, 2008, 32).

Um die Wichtigkeit solcher Bauwerke in Bezug auf den Klimawandel zu unterstreichen, berechnet die Regierung im *Nationalen Plan zum Klimawandel*, dass bei Einweihung der Wasserkraftturbinen am Rio Madeira und derer von Belo Monte (zusammen 17.632,4 MW) jährliche Emissionen in Höhe von 27 Mio. Tonnen CO_2 eingespart werden (Governo Federal, 2008, 32f). In der Nationalen Kommunikation ist der Beitrag der Wasserkraft zur Emissionsminderung für zwei Szenarien berechnet worden. Szenario I geht davon aus, dass seit den 60er Jahren 30% der ei-

[26] Während der Krise musste die Regierung fünf Monate lang sowohl den Privatverbrauchern als auch der Industrie die Energiezufuhr um 20% kürzen und das Stromnetz mehrfach geplant abschalten. Die gesellschaftlichen Kosten waren aufgrund der Industrieausfälle enorm. Siehe hierzu Ochs, 2007, 33.
[27] Brasilien ist nicht das einzige Land in Südamerika, dessen Stromerzeugung stark auf der Wasserkraft beruht. Vielmehr teilt Brasilien dieses Charakteristikum mit vielen seiner Nachbarländer. Siehe hierzu auch Román, 2007, 31.

gentlich aus Wasserkraft gewonnenen Energie durch Wärmeenergie gewonnen würden, während in Szenario II dieser Anteil 75% beträgt.[28] Die CO_2-Emissionen würden für das Jahr 2000 nach Szenario I um 29% beziehungsweise 62-71% (Szenario II) über den tatsächlich berechneten liegen. Für den Zeitraum von 1960 bis 2000 würde das nach der Simulation zusätzliche Emissionen von 1,6 x 10^9 t für Szenario I beziehungsweise 3,5 bis 3,9 x 10^9 t für Szenario II bedeuten (Ministério da Ciência e Tecnologia, 2004, 183).

Wenn auch der genaue Beitrag der Wasserkraftnutzung für die Emissionseinsparung schwer zu bestimmen ist, so ist er in jedem Fall von äußerster Wichtigkeit.

2.1.2.2 Holzkohle

Feuerholz hat, wie in anderen Entwicklungsländern, einen relativ hohen Anteil an Brasiliens Primärenergiemix. Mit 13,1% in 2004, 12,6% in 2006 und 11,99% in 2007 sank der Anteil zwar trotz einer insgesamt steigenden Energiemenge, ist aber immer noch bedeutend (Empresa de Pesquisa Energética, 2008, 17).

In Brasilien wurden allerdings verschiedene industrielle Anwendungen für diese Ressource entwickelt, vor allem eine verbesserte Aufbereitung von Holzkohle. 2007 floss knapp die Hälfte (42,9%) des konsumierten Feuerholzes der Produktion von Holzkohle zu,[29] ein in Brasilien gemeinsam mit der Bagasse von Zuckerrohr zu den erneuerbaren Energien gezählter Energieträger.[30]

Brasilien ist eines der wenigen Länder, das in Produktionsprozessen der Metallverhüttung noch Holzkohle verwendet, vor allem in der Stahl- und Eisenindustrie. Viele Länder haben die Holzkohle durch Kohle ersetzt. Brasilien hat allerdings gute klimatische Bedingungen für Holzplantagen, und die Entwicklung und Verbreitung von Techniken für effizienteren Holzanbau haben die Zeit zwischen Pflanzung und Ernte verkürzt, was den Einsatz von Plantagenwäldern ökonomisch macht. Daraus resultiert der gestiegene Anteil an Holzkohle, der aus Plantagenholz hergestellt wird. Die Verwendung von Holzkohle aus Plantagen

---

[28] Zu den weiteren Annahmen der Szenarien siehe Text Ministério da Ciência e Tecnologia, 2004, 183.

[29] Zwar wird Feuerholz auch noch im Bereich der privaten Haushalte zum Kochen und Heizen verwendet, doch sank dieser Anteil 2007 um 5,6% auf die immer noch große Menge von 25,2 Mio. t Feuerholz. Der zunehmende Zugang zu anderen Energieträgern wie Strom, Erdgas und Kraftstoffen trägt hier aber zu einer stetigen Substitution des Feuerholzes bei. Siehe hierzu Empresa de Pesquisa Energética, 2008, 16f.

[30] Siehe hierzu Governo Federal, 2008, 22.

wiederum senkt durch die Nutzung eines nachwachsenden Rohstoffs die Emissionen dieses Industriesektors (Ministério da Ciência e Tecnologia, 2004, 195).

Holzkohle wird durch einen Prozess kontrollierter Holzverbrennung gewonnen (Pyrolyse), der den Karbongehalt steigert. Wird das hierfür benötigte Holz in Primärwäldern gesammelt, trägt das zur Entwaldung bei. In Brasilien begann man allerdings schon in den 40er Jahren des 20. Jahrhunderts mit den ersten Wiederaufforstungsprojekten, da reduzierte Bestände und zunehmende Distanzen zwischen den Verbrennungsöfen und den Wäldern die Versorgung mit Holzkohle erschwerten. Holzkohle aus Wiederaufforstungsprojekten deckt daher mehr als die Hälfte des Bedarfs der Industrie. Im Jahr 2000 kamen insgesamt 72% des für die Industrieproduktion von Holzkohle benötigten Rohstoffs aus Sekundärwäldern (Ministério da Ciência e Tecnologia, 2004, 194). Während in den 90er Jahren die Nutzung von Holzkohle sank, was hauptsächlich dem Privatisierungsprozess in der Stahlindustrie geschuldet war, da viele Fabrikanten die kostengünstigere importierte Kohle der heimischen Holzkohle vorzogen (Ministério da Ciência e Tecnologia, 2004, 195), steigt ihr Anteil in den letzten Jahren wieder. Dies liegt an Politikmaßnahmen, die die Nutzung von nachhaltig gewonnener Holzkohle fördern. Der Wille der Politik hierzu entstammt der Tatsache, dass diese eine bessere CO_2-Bilanz aufweist als alternative Energieträger für die Nutzung in der Stahlindustrie.[31]

Hauptsächlich werden Aufforstungsmaßnahmen in entwaldeten Regionen gefördert. Dies geschieht sowohl durch Regierungsmaßnahmen (Government of Brazil, 2008, 9) als auch durch den CDM. Durch eine Neuregelung der Kreditanforderungen sollen Forst- und Aufforstungsmaßnahmen, auch für die Gewinnung von Holzkohle, attraktiver gemacht werden (Government of Brazil, 2008, 18). Überdies soll nach dem *Nationalen Plan zum Klimawandel* eine Studie durchgeführt werden, um die Nachhaltigkeit von Feuerholz und Holzkohle sowie ihren Einfluss auf die Entwaldung zu untersuchen (Governo Federal, 2008, 97).

Die Regierung unterstützt die Nutzung von Holzkohle so stark, weil – so sagt sie in ihrem *Nationalen Plan zum Klimawandel* – in der Eisenproduktion durch die Verwendung von nachhaltig gewonnener Holzkohle pro Tonne Eisen die CO_2-Emission um 3 Tonnen gesenkt werden könne. Dies führt sie auf folgende Berechnungen zurück: Studien würden zeigen, dass für Eisen, das mit Hilfe 1 Tonne nachwachsender Holzkohle hergestellt wird, durch den Prozess der Photosynthese während des Baumwachstums 1,1 Tonne CO_2 aufgenommen werden kann, der Prozess also eine positive Emissionsbilanz hat. Dieselbe Menge Eisen

---

[31] Siehe hierzu auch Román, 2007, 90ff.

würde während ihres Herstellungsprozesses 1,9 Tonnen CO_2 verursachen, würde sie unter Verwendung von Kohle produziert (Governo Federal, 2008, 73).[32] In der *Nationalen Kommunikation* wurde berechnet, die Verwendung von Holzkohle aus Plantagenwirtschaft habe die Emissionen des Industriesektors seit Beginn der Nutzung von Plantagenholz um 40 Mt CO_2 verringert (Ministério da Ciência e Tecnologia, 2004, 195).

Die Kapazitäten für die Herstellung von Holzkohle aus Plantagen ist aber momentan beschränkt, so dass es etwa 10 Jahre dauern wird, bis genügend Rohstoffe vorhanden sind, um verstärkt nachhaltig gewonnene Holzkohle in der Eisenverhüttung einzusetzen (Governo Federal, 2008, 73).

Für die nachhaltig gewonnene Holzkohle gilt ähnliches wie für die Wasserkraft: Die genaue Höhe der Emissionseinsparungen ist nur schwer zu bestimmen; dennoch kann bei nachhaltiger Bewirtschaftung die Holzkohle tatsächlich einen Beitrag zur Vermeidung von Emissionen leisten. Hierbei gilt es jedoch verstärkt, mögliche negative Nebeneffekte aus der Plantagenwirtschaft, die hauptsächlich mit genetisch veränderten Eukalyptusbäumen arbeitet, abzuschätzen.

2.1.2.3 Kraft-Wärme-Kopplung durch Bagasseverbrennung

Ein besonderer Fall unter den brasilianischen Programmen für alternative Energien ist die Elektrizitätsgewinnung durch Kraft-Wärme-Kopplung mithilfe der Bagasse aus der Zuckerrohrverarbeitung, da es ein Nebenprodukt der Zucker- und Ethanolproduktion darstellt (Szklo et al., 2005, 351). Nach der Extraktion des Saftes aus dem Zuckerrohr bleibt die so genannte Bagasse zurück, die ein Abfallprodukt darstellt. Da die Produktion von Zucker und Ethanol ein sehr energieintensiver Prozess ist, der Wasserdampf und Elektrizität benötigt, haben Zuckermühlen bereits seit langem ihren Energiebedarf durch die Verbrennung dieser Bagasse gedeckt. Solange überschüssige Energie aber nicht ins Elektrizitätsnetz eingespeist werden konnte, wurde dabei kein Fokus auf Effizienz gelegt. Erst durch die Deregulierung des Energiesektors wurde der Verkauf von Strom auf einem offenen Markt möglich. Durch den Zufall, dass zeitgleich mit diesen Neuerungen die Zuckerindustrie selbst technische Neuerungen benötigte sowie die Energienachfrage stieg, war der Deregulierungseffekt groß genug, um technologische Innovationen anzureizen (Román, 2007, 78).

Beinahe alle Zuckerrohrdestillerien in Brasilien nutzen Bagasse-Verbrennungsturbinen, um den für die Produktion benötigten Dampf und Strom selbst zu erzeugen. Den Überschuss an Elektrizität führen sie

---

[32] Die Studien, aus denen diese Zahlen stammen, werden leider nicht zitiert.

ins Stromnetz ein. Im Staat São Paulo, in dem die meiste Heizenergie durch Bagasse hergestellt wird, leiteten die 40 Zuckerfabriken 2003 1,3 GW Strom ins Netz ein (International Energy Agency, 2006, 475). Das zukünftige Potenzial dieser Energiequelle wird unterschiedlich eingeschätzt, da es auch stark davon abhängig ist, in welchem Umfang die Zuckerrohrindustrie in den nächsten Jahren wachsen wird. Das *White Paper* der brasilianischen Regierung zu den Beiträgen des Landes gegen den Klimawandel berechnet, dass eine Mühle, die 3 Mio. Tonnen Zuckerrohr pro Jahr verarbeitet, unter Verwendung von Boilern mit 80 bis 100 kg Dampfdruck 70 MW Elektrizität in das Stromnetz einspeisen kann. Auf die Gesamtmenge von gegenwärtig 400 Mio. Tonnen Zuckerrohr gesehen, gibt es somit ein Potenzial für die Produktion von Elektrizität durch Kraft-Wärme-Kopplung in diesem Industriezweig von 9.000 MW (Ministério das Relações Exteriores et al., 2007, 24f). Der WEO gibt das Potenzial der Zuckerindustrie Brasiliens auf lange Sicht gesehen sogar mit bis zu 12.000 MW an (International Energy Agency, 2006, 475).

In den letzten Jahren ist die Stromproduktion durch Kraft-Wärme-Kopplung in der Zuckerindustrie stark gewachsen und bildet heute mit etwa 2% der Gesamtenergieversorgung den größten Anteil an durch Biomasse hergestellter Energie in Brasilien. Es wurden erhebliche Investitionen getätigt, für die ein besonderer Anreiz ist, dass Zuckermühlen ihre Hochsaison in den Monaten haben, in der die Wasserkraft in Brasilien am wenigsten Energie produziert, nämlich zwischen Mai und November.

Dies ist mit ein Grund dafür, warum die Regierung die Kraft-Wärme-Kopplung durch Bagasseverbrennung heute sehr unterstützt,[33] während sie anfangs nur ein Nebenprodukt der Zucker- und Ethanolindustrie war, denn sie hofft, dadurch die Abhängigkeit des Landes von Wasserkraft zu verringern und den Energiemix weiter zu diversifizieren (Román, 2007, 79). Investitionen in diesem Gebiet sind zudem als CDM-Maßnahme förderbar; rund ein Drittel der CDM Projekte gehören zu diesem Feld (Ministério da Ciência e Tecnologia, 2008a, 12).

Andere Abfälle aus Industrie und Forstwirtschaft werden zur Energiegewinnung jedoch kaum genutzt, ebenso wenig wie Deponiegas. Bei diesen Biomasseressourcen sind auch keine verlässlichen Daten verfügbar, wie hoch ihr Potenzial zur Energiegewinnung ist (International Energy Agency, 2006, 475). Hier könnte ein Ansatzpunkt für neue Programme liegen, wenn die erforderlichen wissenschaftlichen Studien im Vorfeld durchgeführt werden.

---

[33] Unter anderem durch das Programm PROINFA, siehe nächste Seite.

42

2.1.2.4 Das Programm PROINFA

Schon vor Einführung des CDMs wurden Projekte zur Nutzung der Kraft-Wärme-Kopplung durch das Programm PROINFA gefördert, ein Anreizprogramm für die Nutzung erneuerbarer Energien in der Elektrizitätsgewinnung (*Programa de Incentivos às Fontes Alternativas de E-nergia Elétrica*).

PROINFA wurde 2002 vom brasilianischen Kongress verabschiedet,[34] um einen Markt für erneuerbare Energien zu etablieren und dadurch die brasilianischen Energiequellen zu diversifizieren. Dadurch sollte die Versorgung auch bei der zu erwartenden steigenden Nachfrage gesichert werden. Das Programm hilft unabhängigen Energieproduzenten durch eine Reihe ökonomischer Anreize und Kaufverträge mit langer Laufzeit, größere Mengen erneuerbarer Energie in das nationale Elektrizitätsnetz einzuspeisen (La Rovere und Santos Pereira, 2007, 3f).

Ursprünglich waren bei PROINFA zwei Phasen vorgesehen. In einer ersten Phase bis 2006 sollten 3.300 MW erneuerbarer Energien aus kleinen und mittleren Wasserkraftanlagen, Windenergie und Biomasse in das Stromnetz eingespeist werden, was knapp 1% der Gesamtenergieproduktion von 2002 darstellen würde. Bis 2020 sollte der Anteil für diese Energien in einer zweiten Phase auf 10% gesteigert werden. Erstkäufer der so erzeugten Energie ist der brasilianische Elektrizitätsdachverband *Eletrobrás*, der langfristig feste Preise für den Strom garantiert, die für Wind bei 90% des durchschnittlichen Stromliefertarifs liegen, für kleine Wasserkraftanlagen bei 70% und für Biomasse bei 50%. Finanziert wird das Projekt zu 70% von der brasilianischen Bank für Entwicklung (BNDES), die restlichen 30% sollte der im Dezember 2004 gegründete Brasilianische Investitionsfond *EcoEnergia* bereit stellen (International Energy Agency, 2006, 482).

Die erste Phase wurde erfolgreich abgeschlossen; im Februar 2005 unterzeichnete *Eletrobrás* die Verträge über 3.300 MW Strom, bereitgestellt durch 63 kleine Wasserkraftwerke, die zusammen 1.191 MW produzieren, 54 Windkraftanlagen mit einer Kapazität von 1.423 MW und 27 Biomassekraftwerken, die weitere 685 MW Strom erzeugen[35]. Diese Anlagen, die etwa 12.000 GW pro Jahr produzieren, haben einen Ab-

---

[34] PROINFA enthält die Zielwerte, die ursprünglich das Programm PROEÓLICA erreichen sollte und auch diejenigen des Programms PCH-COM. Siehe hierzu Ruiz, Rodríguez und Bermann, 2007, 2991f.

[35] Im Nationalen Plan zum Klimawandel ist nachzulesen, dass von den 144 Anlagen 60 bereits in Betrieb sind, 53 sich im Bau befinden und für weitere 21 Anlagen bereits Baufirmen beauftragt sind, die Arbeiten aber noch nicht begonnen haben. Durch das Programm, das Investitionen von 11 Mrd. Reais hauptsächlich aus dem Privatsektor anzog, sollen zudem bis 2009 150.000 Arbeitsplätze entstehen. Siehe hierzu Governo Federal, 2008, 33.

nahmevertrag mit *Eletrobrás* über 20 Jahre (Eletrobrás, 2007b). Durch das Programm sollen jährlich Emissionen in Höhe von 3 Mio. t CO_2 eingespart werden.

Die zweite Phase von PROINFA scheint aber nicht mehr anzulaufen. Während der WEO 2006 noch vom 10%-Ziel spricht, so heißt es bei La Rovere/Santos Pereira (2007), dass die Einführung der zweiten Phase aufgrund neuer Regulierungen im Energiesektor noch nicht feststeht (La Rovere und Santos Pereira, 2007, 4). Das *White Paper* und *der Nationale Plan zum Klimawandel* stellen zwar das Programm vor, sprechen aber nicht mehr von einer zweiten Phase; in der *Nationalen Kommunikation* wird das Programm gar nicht erwähnt. Letzteres könnte daran liegen, dass seine Erstellung in die Phase fiel, als Lula da Silva seine zweite Amtsperiode begann. Zu diesem Zeitpunkt, in 2003, wurde das Programm zunächst gestoppt, weil von Überlegungen zu einer Überarbeitung der Deregulierungsmaßnahmen im Stromsektor auch der Ablauf von PROINFA betroffen war. Erst im März 2004, als die Arbeiten an der *Nationalen Kommunikation* fast abgeschlossen waren, wurde das Programm implementiert.

Da die erste Phase erfolgreich war, ist anzunehmen, dass das Programm ausgelaufen ist, weil seine Ziele auch durch den CDM gefördert werden. Noch Ende 2004, unmittelbar nachdem sich durch die Unterschrift Russlands unter den Kyoto-Vertrag dessen Einführung abzeichnete, wurde beschlossen, den Karbonmarkt für die Finanzierung der PROINFA-Projekte zu nutzen. Dies ist auch geschehen. Die finanziellen Vorteile fallen dabei laut dem *Nationalen Plan zum Klimawandel* den Endverbrauchern zu, da sie die Abgaben für PROINFA reduzieren und dies somit zur Vergünstigung des Stromtarifs beiträgt (Governo Federal, 2008, 33).

Als sich das Inkrafttreten des internationalen Zertifikatehandels abzeichnete, verlor die brasilianische Regierung vermutlich das Interesse daran, PROINFA zu subventionieren, wenn derartige Projekte auch durch internationale Gelder gefördert und somit Auslandsinvestitionen gewonnen werden können. Dies würde auch erklären, warum über diese Entwicklungen in offiziellen Dokumenten nichts zu lesen ist.

Aus jüngster Zeit gibt es zusätzlich zu PROINFA neue Gesetze, die auch die alternativen regenerativen Energiequellen unterstützen sollen: Im Juni 2007 wurde das 1. Gesetz für den Kauf von Energie aus alternativen Energiequellen und im August 2008 das 1. Gesetz für den Kauf von Energiereserven erlassen. Ersteres fördert vor allem Biomassekraftwerke sowie in geringerem Maße kleine Wasserkraftanlagen; bei letzterem handelt es sich um ein neuartiges Zertifikat, das Bioelektrizität im Energiemix verankern will, um das Risiko durch die einseitige Versorgung durch Wasserkraft zu verringern. Es unterstützt bisher ausschließlich

44

Biomasseanlagen. Gegenwärtig überlegt die Regierung, noch im ersten Quartal 2009 ein Gesetz zur Förderung von Windkraftanlagen zu erlassen (Governo Federal, 2008, 33f).

2.1.2.5 Das Programm *Luz para todos*

Ein weiteres Programm, das zwar als Maßnahme gegen den Klimawandel geführt wird, aber eher ein Programm für soziale Entwicklung ist, ist das vom MME koordinierte und von *Eletrobrás* ausgeführte Programm „Licht für alle", *Luz para todos*.[36] 2004 gestartet, soll es den 12 Mio. Menschen in Brasilien, die zum Startpunkt des Programms noch ohne Strom lebten, Anschluss an das Elektrizitätsnetz gewähren. Ursprünglich sollte dieses bis 2015 geschehen; später wurde der Abschluss des Programms für 2008 geplant (O luz para todos, 2009). Dieser Zeitplan konnte aber nicht eingehalten werden: Anfang 2007 waren nach Angaben von *Eletrobrás* erst 5 Mio. Brasilianer an das Stromnetz angeschlossen worden. Im April 2008 wurde daher als neues Ziel für den Abschluss des Programms Ende 2010 festgelegt (Eletrobrás, 2007a). Ende 2008 hatten bereits 9,3 Mio. Personen Zugang zu Strom erhalten (Canal Rural, 2009).

In Wirklichkeit ist *Luz para todos* nicht so sehr ein Energieprogramm als vielmehr ein Instrument für sozio-ökonomische Entwicklung in besonders armen, überwiegend ländlichen Gegenden und soll den sozialen Inklusionsprozess dieser Menschen beschleunigen (Governo Federal, 2008, 36). Die geschätzten Kosten von 4,4 Mrd. US$ trägt zu 70% die Zentralverwaltung, die übrigen 30% teilen sich lokale Regierungen, die Industrie und Elektrizitätsfirmen (Román, 2007, 52). Die Regierung finanziert das Programm vor allem über Quersubventionen, die den Strom für die nicht subventionierten Netzteilnehmer um 10% verteuern, was die hohen Stromkosten in Brasilien zum Teil erklärt (International Energy Agency, 2006, 483).

Einzige Berechtigung, das Programm als Maßnahme gegen den Klimawandel aufzuführen, ist der Versuch, wann immer es möglich ist, in besonders dezentralen Gebieten die Ziele durch Nutzung individueller Elektrizitätserzeugung aus alternativen Energiequellen statt durch einen Anschluss an das zentrale Stromnetz zu erreichen (Ministério das Relações Exteriores et al., 2007, 43). Besonders im Amazonasgebiet wird dadurch Dieselverbrennung mit Strom aus regenerativen Energiequellen ersetzt (Governo Federal, 2008, 36f). Auch die zurückgehende Nutzung

---

[36] Dieses Programm ersetzte zwei bereits zuvor existierende Programme: Luz no Campo und PRODEEM. Für Informationen hierzu siehe Internationale Energieagentur, 2008e und Internationale Energieagentur, 2008c.

von Feuerholz ist sicherlich zum Teil ein Erfolg dieses Programms und trägt zum Klima- und Umweltschutz bei.

Projekte im Rahmen von *Luz para todos*, die zur Verringerung von Treibhausgasemissionen beitragen, werden auch im Rahmen des CDM genutzt. Die finanziellen Gewinne aus dem Zertifikatehandel sichern die langfristigen Projekte und geben der nachhaltigen Entwicklung der Region weitere Impulse (Governo Federal, 2008, 37).

2.1.3 Energieeffizienzprogramme

Neben den Maßnahmen, fossile Energieträger durch erneuerbare zu ersetzen, gibt es einen zweiten großen Bereich, um im Energiesektor die Treibhausgasemissionen zu vermindern: Energieeffizienzmaßnahmen.

Hierfür gibt es in Brasilien ein großes Potenzial. Dies macht am besten der gebräuchlichste Messfaktor für die Energieeffizienz eines Landes deutlich, die Energieintensität. Diese misst die Relationen zwischen der Energienachfrage und der Höhe des Bruttoinlandproduktes. 2006 benötigte Brasilien 0,29 Tonnen Öläquivalent (toe) je 1000 US$ Bruttoinlandprodukt (Internationale Energieagentur, 2009b), die europäischen OECD-Länder setzten im selben Jahr nur 0,19 toe je 1000 US$ BIP ein (Internationale Energieagentur, 2009a).

Die nicht-technischen Energieverluste, also die nicht system-inhärenten Verluste, liegen laut *Nationalem Plan zum Klimawandel* bei 22.000 GWh pro Jahr. Diese sollen innerhalb der nächsten zehn Jahre um 1.000 GWh pro Jahr verringert werden (Governo Federal, 2008, 10).

Die Programme zur Erreichung dieses Ziels hat Brasilien bereits implementiert, im Folgenden sollen sie vorgestellt werden.

2.1.3.1 Das Programm PROCEL

Das Nationale Energieeffizienzprogramm PROCEL (*Programa Nacional de Conservação de Energia Elétrica*) wurde 1985 unter dem Mandat des MME, koordiniert von Eletrobrás, gegründet und will eine höhere Endnutzungs-Effizienz erreichen sowie eine Minderung der Verluste bei der Übertragung und Verteilung. Hierfür finanziert und ko-finanziert das Programm eine große Anzahl an Energieeffizienzprogrammen (Szklo et al., 2005, 355). Das Potenzial ist hoch: Laut WEO lagen die Verluste bei der Übertragung und Verteilung der Elektrizität in Brasilien 2004 bei 17% und gehörten somit zu den höchsten weltweit. Die Verluste der OECD-Länder liegen bei durchschnittlich nur 7% (International Energy Agency, 2006, 482).

PROCEL soll eine bessere Koordinierung von öffentlichem und privatem Sektor erreichen, um die Energieeffizienz sowohl auf Produzenten- als auch auf Nachfragerseite zu erhöhen. Von 1985 bis 1994 litt das Programm unter unzureichenden Geldmitteln. Seit das Budget aber deutlich erhöht werden konnte, erreichte PROCEL bedeutende Ergebnisse. Beträchtliche Stromeinsparungen wurden unter anderem erreicht durch

(a) die Erhöhung der Energieeffizienz von Kühl- und Gefrierschränken durch Tests, Kennzeichnung und freiwillige Übereinkommen mit Produzenten

(b) ebensolche Maßnahmen für die Effizienzsteigerung von Motoren,

(c) die Förderung von Energiesparlampen,

(d) Stromeinsparungen in der Industrie durch Informationsvermittlung sowie die Installation von Verbrauchszählern in Haushalten (La Rovere, 2001, 10ff).

La Rovere/Americano berechneten 1999 die Vermeidung von Treibhausgasen durch das Programm. Sein Beitrag war beträchtlich, nach ihren Berechnungen wurde allein im Jahr 1997 der Ausstoß von 1,2 Mio. Tonnen CO_2-Äquivalent im Vergleich zu einem *Business-as-usual-Szenario* durch PROCEL vermieden. Die Gesamtausstöße des brasilianischen Elektrizitätsmarktes in diesem Jahr lagen zum Vergleich bei 17 Mio. Tonnen CO_2-Äquivalent. Zwischen 1990 und 2020 soll durch die Ausweitung von PROCEL sogar eine Menge von 830 Mt CO_2-Äquivalent vermieden werden, was 32% der für diesen Zeitraum im Stromsektor erwarteten Emissionen wären. Die erhebliche Steigerung hat ihre Ursachen auch darin, dass die Gesamtemissionen des Sektors aufgrund der verstärkten Energiegewinnung durch Erdgas ansteigen werden (La Rovere und Santos Pereira, 2007, 3).

2.1.3.2 Das Programm CONPET

Ein weiteres Energieeffizienzprogramm ist CONPET, das Nationale Programm für eine effiziente Nutzung von Öl- und Erdgasprodukten (*Programa Nacional de Racionalização do Uso dos Derivados do Petróleo e do Gás Natural*). Das vom MME entwickelte Programm wird von verschiedenen Trägern geleitet, der CONPET Coordinating Group, während *Petrobras* für die technischen, administrativen und finanziellen Mittel verantwortlich zeichnet.

Es wurde 1991 gegründet, um den effizienten Einsatz von nicht erneuerbaren Energieressourcen im Transportsektor, in Haushalten, Handel, Industrie und der Land- und Viehwirtschaft zu fördern (Ministério de Minas e Energia, 2009). Dies soll durch Maßnahmen zur Reduzierung von Übertragungsverlusten, einer effizienteren Energienutzung und der Entwicklung von energieeffizienteren Technologien erfolgen, wobei alle diese Maßnahmen unter denselben Richtlinien wie das PROCEL-Programm ausgeführt werden.

Das Ziel von CONPET ist eine Steigerung der Energieeffizienz in der Nutzung von Öl- und Erdgasprodukten von 25% über die nächsten 20 Jahre, ohne dass dadurch die Tätigkeiten in den verschiedenen Wirtschaftssektoren eingeschränkt werden (Ministério da Ciência e Tecnologia, 2004, 180).

Hierfür bildet das Programm mit der Unterstützung von *Petrobras* technische Kooperationsabkommen und Partnerschaften zwischen öffentlichen und privaten Institutionen und mit Repräsentanten von Rechtsträgern, die mit dem Thema befasst sind. Zusätzlich werden Projekte aufgebaut und finanziert. Die Aktionen des Programms helfen dabei, die ökonomischen, ökologischen und institutionellen Strategien besser zu koordinieren.

Unter anderem soll durch CONPET die Nutzung von Diesel innerhalb eines Zeitraums von zwei bis fünf Jahren um etwa 13% gesenkt werden (Programm *Economizar* von 1996); sollen Gasherde und Boiler für den Hausgebrauch durch ein Kennzeichnungsprogramm und ein 2005 eingeführtes Energiesiegel energieeffizienter werden und bis zu 20% weniger Gas benötigen und sollen verschiedene Aufklärungskampagnen dazu beitragen, das Bewusstsein für Energiesparmöglichkeiten zu erhöhen.

Mit Stand von 2005 hatte das Programm die Einsparung von 700.000 Tonnen CO_2, 252 Mio. Litern Treibstoff und 19.000 Tonnen Schmutzpartikeln pro Jahr erreicht (Ministério das Relações Exteriores et al., 2007, 48ff).

48

2.2 Waldschutzpolitik

Die Ausführungen in Kapitel 2.1 machen deutlich, dass in Brasilien hohe Investitionen in erneuerbare Energien fließen. Sowohl in der Stromerzeugung als auch bei den Biokraftstoffen ist die Auswirkung auf das Emissionsprofil des Landes beträchtlich und kann in der Bestandsliste der Treibhausgase in der *Ersten Nationalen Kommunikation* abgelesen werden. Ursache dafür, dass in Brasilien anders als in den Industriestaaten die Verbrennung von fossilen Energieträgern nicht die Hauptemissionsquelle ist, ist aber noch ein weiterer Faktor. Das sind die hohen Emissionen aus Landnutzungsänderungen, die besonders durch die Rodung Amazoniens[37] entstehen.

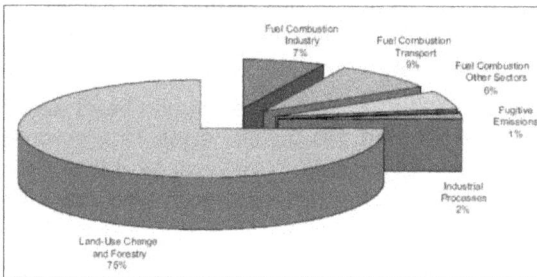

Die *Nationale Kommunikation* erfasst die Daten für Emissionen aus den Jahren 1990 bis 1994. Laut dieser offiziellen Statistik machen der Energiesektor, Industrieprozesse, die Treibstoffverbrennung im Transport-, Industrie- und anderen Sektoren sowie die flüchtigen Emissionen zusammen nur 25% aller CO_2-Emissionen[38] im Jahr 1994 aus. Die übrigen 75% entstammen dem vom UNFCCC so genannten LULUCF-Sektor, den Emissionen aus Landnutzung, Landnutzungsänderung und Forstwirtschaft. Von diesen wiederum entstehen 90% aufgrund der Umwandlung von Wald zu Nutzflächen, v. a. für Vieh- und Landwirtschaft (Ministério da Ciência e Tecnologia, 2004, 85f).

Abb. 4: CO_2-Emissionen nach Sektoren, 1994
Quelle: Ministério da Ciência e Tecnologia, 2004.

---

[37] Die Bezeichnung Amazonien steht für das größte soziogeographische Gebiet Brasiliens, das das gesamte Gebiet des Amazonasbeckens umschließt. Es besteht aus den sieben Bundesstaaten des Nordens (Acre, Amapá, Amazonas, Pará, Rondônia, Roraima und Tocantins) sowie dem Staat Mato Grosso (im Mittleren Westen gelegen) und dem größten Teil des nordöstlichen Bundesstaates Maranhão. In Brasilien wird dieses Gebiet *Amazônia Legal* genannt. Es umfasst über 5 Mio. Quadratkilometer.

[38] Die Nationale Kommunikation und auch UNFCCC geben für Brasilien leider keine Statistik an, in der die Emissionen aller Treibhausgase nach Sektoren angegeben werden. Laut UNFCCC bildeten CO_2-Emissionen 1994 nur knapp 70% aller Treibhausgasemissionen Brasiliens (1.029.703,2 Mt CO_2 bei 1.476.729 Mt Treibhausgasen in CO_2-Äquivalent), für einen Großteil der übrigen 30% sind CH_4-Emissionen (Methan) aus der Viehzucht verantwortlich. Siehe zu der Statistik UNFCCC-Sekretariat, 2008, 1.

Brasilien kann in sechs Biome eingeteilt werden: in Pampa, Mata Atlântica, Cerrado, Pantanal, Caatinga und Amazonien (siehe Abbildung 5). Cerrado und Amazonien nehmen dabei 70% des gesamten brasilianischen Territoriums ein. Im Durchschnitt der Daten von 1988 bis 1994 mit den berechneten jährlichen Emissionen von 902,28 Megatonnen aus dem LULUCF-Sektor entfallen 62% auf Amazonien und 27% auf den Cerrado. Die übrigen 4 Biome steuern nur marginal zu den Treibhausgasemissionen bei (Ministério das Relações Exteriores et al., 2007, 58).

Abb. 5: Die Biome Brasiliens
Quelle: Instituto Brasileiro de Geografia e Estatística, 2004.

Die Abholzung des Regenwaldes in Amazonien wird seit Ende der 80er Jahre beobachtet. In den 70er Jahren wurde das *Nationale Institut für Raumforschung* INPE in Brasilien gegründet und in die Installation einer Empfangsantenne in Cuiabá investiert, die seitdem Bilder des gesamten nationalen Territoriums empfängt. Mit Hilfe dieser Bilddaten begann INPE 1988 das Projekt PRODES (*Monitoramento da Floresta Amazônica Brasileira por Satélites*), das jährliche Daten über die Abholzungsflächen in Amazonien erstellt (INPE - Instituto Nacional de Pesquisas Espaciais, 2006). Bis 2002 wurden die Daten analog von Abzügen der Satellitenbilder gewonnen. Seitdem nutzt INPE eine digitale Erfassungsmethode für PRODES, bei der am Computer die Bilddaten analysiert werden. Hauptvorteil ist, dass eine Datenbank erstellt werden kann, die für jedes Bild die ermittelten Abholzungsraten speichert. Die jährlichen Daten werden jeweils zum 1. August erstellt (Câmara, de Morisson Valeriano und Vianei Soares, 2006, 3ff).

Waldschutz spielte für die brasilianische Regierung jedoch noch lange nur eine geringe Rolle. Die Politik hatte in früheren Jahren vor allem das Ziel, die Wirtschaft Brasiliens weiter zu entwickeln, auch durch die Nutzung des Amazonasgebiets, und begann hierfür in den 60er und 70er Jahren eine verstärkte Erschließungspolitik mit groß angelegten Programmen zur Infrastrukturentwicklung der Region. Doch die Veröffentlichung der Daten zur Waldrodung erregte Ende der 80er Jahre internationale Aufmerksamkeit, wie bereits in Kapitel 1.1 beschrieben.

Seit Anfang der 90er Jahre begann daher ein allmähliches Umdenken hin zu verstärktem Waldschutz. 1992 wurde während der Rio-Konferenz als erstes internationales Projekt für den Erhalt des Regenwaldes in Amazonien das Programm PPG7 (*Programa Piloto para a Proteção das Florestas Tropicais do Brasil*) gestartet, ein von der damaligen G7 auf Initiative der deutschen Bundesregierung angestoßenes Pilotprogramm zur Bewahrung der tropischen Regenwälder Brasiliens. Finanziert wurde das Projekt, dessen zweite Phase bis 2010 angesetzt ist, zu Beginn hauptsächlich von den Ländern der damaligen G7 sowie der Europäischen Union. Hinzu kommt ein wachsender Anteil an Geldern der brasilianischen Zentralregierung und der Bundesstaaten sowie von Organisationen der Zivilgesellschaft (Secretaria de Coordenação da Amazônia, 2009b).

2002 wurde das Programm *Áreas Protegidas da Amazônia*, ARPA, vom damaligen Präsidenten Cardoso gegründet. Es ergänzt PPG7 und sieht bis 2012 die Schaffung von 50 Mio. Hektar (12% der Gesamtfläche) weiterer Schutzgebiete unterschiedlicher Kategorien und die Unterstützung der nachhaltigen Entwicklung der Amazonasregion vor.

Mit ARPA geht die brasilianische Regierung eine Partnerschaft mit verschiedenen internationalen Gebern ein, vor allem mit der Weltbank, KfW, GTZ, dem WWF-Brasil sowie dem brasilianischen Fond für Biodiversität, FUNBIO (*Fundo Brasileiro para a Biodiversidade*). Hinzu kommen eine Reihe von Organisationen der Zivilgesellschaft. Gemeinsam soll in das Programm innerhalb von zehn Jahren die Summe von 400 Mio. US$ investiert werden. Der innovative Aspekt des Programms besteht darin, dass für die langfristige finanzielle Absicherung ein Treuhänderfond eingerichtet wurde, der *Fundo de Áreas Protegidas* (FAP) (Secretaria de Coordenação da Amazônia, 2009a).

Der *Nationale Bericht über Schutzgebiete* von 2007 konnte bereits melden, dass die Schutzgebiete Brasiliens von 46,5 Mio. Hektar in 1997 auf 98 Mio. Hektar in 2007 angestiegen sind. Das entspricht 11,49% der Fläche Brasiliens (Ministério do Meio Ambiente, 2007, 50). Nachdem die erste Phase somit erfolgreich beendet werden konnte, begann 2009 die zweite Phase des Projekts, für die die finanziellen Ressourcen bereits gesichert werden konnten. Die brasilianische Regierung zahlte 25 Mio. US$ in den Fond ein, weitere 105 Mio. US$ wurden von internationalen Organisationen (KfW, GEF, WWF) bereitgestellt. Bis 2013 sollen weitere 20 Mio. Hektar zu Schutzflächen erklärt werden. Somit stieg das Gesamtziel für ARPA von 50 auf 60 Mio. Hektar (ADA Digital, 2009).

2.2.1 Aktionsplan für den Regenwald

Die Entwicklungen hin zu einem Umdenken in der brasilianischen Regierung und somit zu vermehrtem Waldschutz beschleunigten sich im neuen Jahrtausend deutlich. Hier ist neben dem bereits vorgestellten Programm ARPA die Ausarbeitung des Aktionsplans von 2004 zur Vorbeugung und Kontrolle der Abholzung im Regenwald (*Plano de Prevenção e Controle do Desmatamento na Amazônia Legal*, PPCDAM) die entscheidende Entwicklung. 2006 erließ Lula da Silva ein neues Forstgesetz. 2008 wurde im Nationalen Plan zum Klimawandel das Ziel festgelegt, bis 2021 die illegale Entwaldung auf Null zu senken.

2000 initiierte die Zentralregierung eine Studie, um die Ursachen und Dynamiken der Abholzung des Regenwalds zu verstehen, Politikmaßnahmen und die Anwendung bestehender Verwaltungsinstrumente daran anzupassen und das Problem mit einer ganzheitlichen Methode anzugehen. Trotz der Erfolge des Programms blieben die Rodungsraten hoch. Anfang 2003 teilte INPE dem Umweltministerium die Quote für 2001/2002 mit, die einen Anstieg der Abholzung um 40% bedeutete und somit die zweithöchste Rate seit 1988. Daraufhin erstellte die Zentralregierung eine Arbeitsgruppe aus 12 Ministerien[39] (*Grupo Permanente de Trabalho Interministerial para a Redução dos Índices de Desmatamento da Amazônia Legal*), die den Ursachen für die Zunahme in einer umfassenden Studie nachgehen sollte. Auf dieser Grundlage sollte die Arbeitsgruppe einen ganzheitlichen Aktionsplan erarbeiten, mit dem der fortschreitenden Entwaldung begegnet werden kann. Im März 2004 wurde der Aktionsplan PPCDAM veröffentlicht. Er enthält im Vergleich zu älteren Initiativen einige wichtige Neuerungen (Ministério das Relações Exteriores et al., 2007, 58ff).

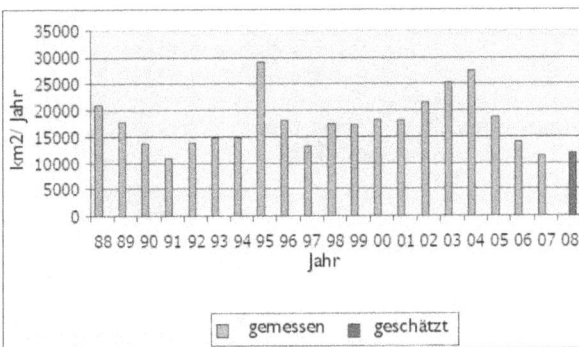

Abb. 6: Jährliche Abholzungsraten im Amazonasgebiet
Quelle: Ministério da Ciência e Tecnologia, 2008b.

Mit der Umsetzung des Plans wurde während des ersten Quartals 2004 begonnen. In den folgenden Jahren konnte die jährlich abgeholzte Fläche deutlich reduziert werden und erreichte mit 11.532 km² in 2007 den niedrigsten Stand seit 1991. Für 2008 wird

---

[39] Inzwischen sind es 13 Ministerien, die zu der Arbeitsgruppe gehören.

mit einer leichten Erhöhung der Rodungen auf 11.968 km² gerechnet, was aber keinen signifikanten Rückschritt bedeutet (Ministério da Ciência e Tecnologia, 2008b, 22ff).

Im Folgenden werden die wichtigsten Maßnahmen erläutert, mit deren Hilfe die Entwaldung aufgehalten werden soll. Dazu zählen vor allem die Verbesserung der Fernerkundungssysteme zur Kontrolle der Abholzung und der selektiven Baumfällung und die ständigen Überwachungs- und Kontrollmaßnahmen für Umweltkriminalität im Amazonasgebiet durch eine erhöhte Präsenz staatlicher Behörden in kritischen Gebieten.

2.2.1.1 Verbesserung der Fernerkundungssysteme zur Kontrolle der Abholzung und der selektiven Baumfällung

Seit 2003 investierte das Umweltministerium in INPE und weitete das technische Team und die Ausstattung aus, um eine bessere Analyse von erweitertem Bildmaterial zu erreichen. Zusätzlich zu den Bildern aus den bisherigen Satelliten werden nun noch solche aus dem Chinesisch-Brasilianischen Bodenressourcen-Satelliten (CBERS) für das Überwachungsprogramm PRODES eingesetzt, um den Wolkeneffekt zu minimieren und genauere Ergebnisse zu erhalten (Ministério das Relações Exteriores et al., 2007, 61).

Weiterhin wurde ein neues System entwickelt, das *Sistema de Detecção de Desmatamento em Tempo Real*, DETER, das als Frühwarnsystem fungiert und alle 15 Tage, wenn die Wetterbedingungen gut sind, geographische Daten zur Veränderung der Waldfläche erstellt. Die von DETER verwendeten Daten erlauben zwar nur ein Aufspüren von Abholzungen, die eine Fläche größer 25 Hektar betreffen, dafür können aber aufgrund seiner frühzeitigen Warnung schnell Maßnahmen gegen die beobachteten Rodungen eingeleitet werden. DETER stellte sich daher als nützlich heraus für die Bekämpfung illegaler Rodungen (Ministério da Ciência e Tecnologia, 2008b, 21f).

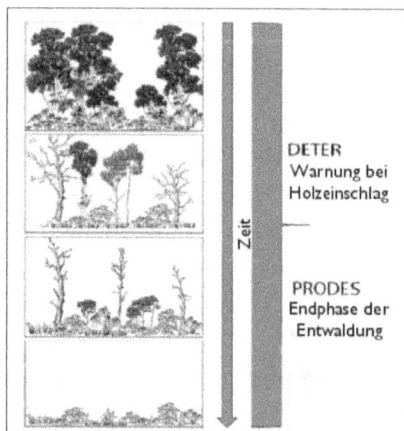

Abb. 7: Vergleich der Systeme PRODES und DETER in Bezug auf den Zeitpunkt der Aufspürung und den Grad der Entwaldung
Quelle: Ministério da Ciência e Tecnologia, 2008b.

Ein weiteres neues System ist SLAPR, ein Umweltlizenzsystem für ländliche Besitzungen, das 2000 im Staat Mato Grosso als Pilotprojekt gestartet wurde. Zusätzlich zu seinen Inspektions- und Lizenzierungstätigkeiten überwacht es Maßnahmen zur Landwirtschaft und Viehzucht auf bäuerlichen Besitzungen in Amazonien. Eine 2004 vom Pilotprogramm in Auftrag gegebene Studie kam zu dem Schluss, dass die Ergebnisse von SLAPR aufgrund von Unzulänglichkeiten in der Verwaltung beeinträchtigt werden, obwohl es ein innovatives Hilfsmittel für die Kontrolle von Holzfällerei auf Privatgrundstücken sein kann.

Trotz dieser Unzulänglichkeiten wird das System von öffentlichen und privaten Sektoren als essentiell für die erweiterte Kontrolle der Holzfällerei im Amazonasgebiet angesehen. Deshalb wurde es 2004 in einer überarbeiteten Version als Teil des Aktionsplans in weiteren Staaten eingeführt (Ministério das Relações Exteriores et al., 2007, 64).

2.2.1.2 Ständige Überwachungs- und Kontrollmaßnahmen für Umweltkriminalität

Neben diesen neuen Methoden für eine Verbesserung der Fernerkundungssysteme wurden mit dem Aktionsplan vor allem ständige Überwachungs- und Kontrollmaßnahmen für Umweltkriminalität in Amazonien eingeführt.

Ungenügende Kontrolle wird als einer der Hauptgründe für illegale Holzfällerei im Amazonasgebiet angesehen. Bisher waren die Kontrollorgane zur Bekämpfung von Umweltkriminalität von der Aushändigung außerplanmäßiger Geldmittel abhängig, um Operationen gegen illegale Aktivitäten durchführen zu können, die oft genug nach Ende der Maßnahmen wieder von vorne begannen. Der Aktionsplan brachte als eine große Neuerung eine durchgehende, von der Zentralregierung gesteuerte Überwachung mit Frühwarnsystem. Hierfür investierte die Regierung in die Entwicklung neuer Strukturen und erweiterte technische Ressourcen. Ebenso verstärkte sie das Personal und führte Planungs- und Ausführungsmethoden ein, die zu einer verstärkten Präsenz der Institutionen in kritischen Gebieten und einer größeren Effektivität der Inspektionen führten. Die Bußgelder für illegale Rodungen wurden signifikant erhöht; die eingezogenen Strafgelder stiegen von 250 Mio. US$ auf fast 1 Mrd. US$ pro Jahr. Ein Übriges taten verstärkte Verhaftungen, auch von Staatsbeamten, zur Bekämpfung der Korruption (Ministério das Relações Exteriores et al., 2007, 65ff).

54

2.2.2 Forstgesetz und Nationaler Plan zum Klimawandel

Im März 2006 unterzeichnete Lula da Silva ein neues Forstgesetz, das die Vergabe von langfristigen Konzessionen für eine nachhaltige Nutzung öffentlicher Wälder vorsieht. Die Forstkonzessionen, die ein neues Instrument in Brasilien darstellen, sollen etwa ein Drittel des Regenwalds umfassen und diese Flächen der Landspekulation entziehen, die hinter der industriellen Landwirtschaft steckt. Der Höchstbietende kann auf Grundlage eines nachhaltigen Entwicklungsplans über den Zeitraum von 40 Jahren hinweg Holz einschlagen, sodass nicht mehr der kurzfristige Raubbau am profitabelsten ist. Dabei sind Naturschutzgebiete und Indianerreservate von der Holznutzung ausgeschlossen (Maldonado, 2007, 3); gemeinnützige Organisationen werden Privatgesellschaften bei den Versteigerungen vorgezogen. Das Gesetz gründet darüber hinaus den Brasilianischen Waldservice (*Serviço Florestal Brasileiro*), der für die Umsetzung des Gesetzes verantwortlich zeichnet, sowie den Nationalen Waldentwicklungsfond (*Fundo Nacional de Desenvolvimento Florestal*).[40]

2007 wurde ein System eingeführt, das helfen soll, öffentliche Waldflächen zu überwachen, die nach diesem Gesetz für den nachhaltigen Holzeinschlag durch Langzeitkonzessionen freigegeben sind. DETEX, das System zur Aufspürung von gezielter Holzfällerei (*Sistema de Detecção de Exploração Seletiva*), kann Holzeinschlag bereits einzelner Bäume im Inneren des Waldes aufspüren und somit zu einer besseren Überwachung und schnellerem Eingreifen beitragen (Ministério das Relações Exteriores et al., 2007, 62f).

Nach Einschätzung der Regierung spielte der Aktionsplan eine große Rolle bei der Verringerung der Rodungsflächen und somit auch der THG-Emissionen in den Jahren nach seiner Einführung. Die Instrumente werden im *White Paper* jedoch als noch unzureichend bezeichnet, um die legale Landnutzung langfristig zu sichern. Die steigende in- und ausländische Nachfrage nach landwirtschaftlichen Produkten habe großen Druck auf den Wald und seine Grenzen ausgeübt, was die Abholzungsdynamik direkt beeinflusst habe (Maldonado, 2007, 3).
Aus diesem Grund begann die Regierung noch 2007, als für die Monate Juni bis September steigende Abholzungsraten gemeldet wurden, mit der Ausarbeitung des Nationalen Plans zum Klimawandel. Im September 2007 noch kündigte Lula da Silva sein Erscheinen auf der Generalversammlung der Vereinten Nationen an. Nach einer Phase öffentlicher Einsichtnahme und Diskussion wurde im Dezember 2008 die endgültige Fassung des Plans veröffentlicht. Bei seiner Ausarbeitung orientierte sich das Komitee an vier strategischen Achsen:

---

[40] Siehe hierzu Casa Civil, Gesetz Nº 11.284, 2006.

1. der Reduzierung der Treibhausgasemissionen,
2. der Anpassung (Adaptation) an die Auswirkungen des Klimawandels,
3. der Forschung und Entwicklung und
4. der Wissensbildung und –verbreitung (International Centre for Trade and Sustainable Development, 2008, 5).

Unter den zahlreichen Themen des Nationalen Plans befinden sich der Einsatz sauberer und erneuerbarer Energien und die Energieeffizienz. Unter anderem sind folgende Maßnahmen vorgesehen: Anreize zum verminderten Konsum von Energie, Minderung der Treibhausgasemissionen im Ölsektor (sector petrolífero), Recycling von Abfällen und Verbesserungen im Transportsektor (International Centre for Trade and Sustainable Development, 2008, 11).

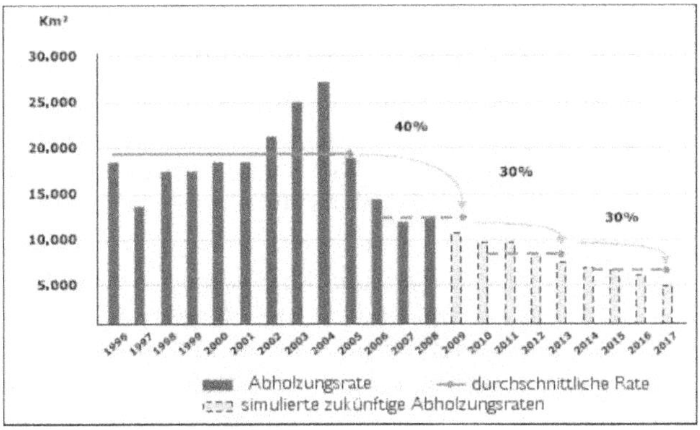

Neben den bereits behandelten Zielen soll der Plan vor allem eine weitere Reduzierung der Abholzungen erreichen, und das nicht nur in Amazonien, sondern auch in den anderen Biomen Brasiliens.[41] Sein großes Ziel für Amazonien ist es, die Abholzungsraten in Vierjahresstufen nachhaltig zu verringern, bis die illegalen Rodungen völlig beseitigt sind. Dazu soll zwischen 2006 und 2009 die Quote um 40% im Vergleich zu den vorigen 10 Jahren gesenkt werden. In den darauf folgenden zwei Vierjahres-Perioden soll die Rate jeweils um weitere 30% im Vergleich zur Vorperiode gesenkt werden. Allein für die Region Amazonien rechnet die Regierung durch diese Senkung mit der Einsparung von 4,8 Mrd. Tonnen CO_2 zwischen 2006 und 2017, wobei sie für die Berechnungen einen Karbonstock von 100 Tonnen Karbon pro Hektar als Rechenbasis verwendete (Governo Federal, 2008, 11).

Abb. 8: Geplante Entwicklung der Abholzungsraten in Amazonien
Quelle: Governo Federal, 2008.

[41] Für die weiteren Biome sollen ähnliche Pläne wie der PPCDAM erarbeitet werden, die den jeweiligen Gegebenheiten eines jeden Bioms angepasst werden und Städte, Bundesstaaten, Zivilgesellschaft und privaten Sektor mit einbeziehen. Hierfür soll auch das Überwachungsprogramm durch Satellitenbilder auf diese Regionen ausgeweitet werden, um die illegalen Rodungen bekämpfen zu können. Siehe hierzu Government of Brazil, 2008, 16.

Um die erforderlichen Mittel für die Umsetzung dieser Ziele zu erhalten, hat Brasilien bereits Mitte 2008 einen Fond gegründet, der die Gelder sammeln und verwalten soll. Diese *Fundo Amazônia* soll bis 2021 nationale und internationale Gelder in Höhe von bis zu 21 Milliarden Dollar sammeln, um davon beispielsweise Maßnahmen der nachhaltigen Waldbewirtschaftung, der Besitz- und Eigentumsregelung, des Biodiversitätsschutzes und der Wiederherstellung entwaldeter Flächen zu finanzieren. Die Zahlungen sind freiwillig; Brasilien leistet keine Gegenleistung wie etwa Steuererleichterungen oder die Vergabe von Emissionsrechten. Trotz internationaler Kritik, dass ein Fond ohne Anreize nicht funktionieren könne und weltfremd sei, hat Norwegen bereits die Zahlung von 100 Mio. Dollar angekündigt. Weitere Staaten, Banken und Unternehmen haben ihr Interesse an einer Unterstützung des Fonds bekundet (Focus online, 2008). Am 19. Dezember 2008 meldete die deutsche Bundesregierung, dem Fond 18 Mio. Euro beisteuern zu wollen (Presse- und Informationsamt der Bundesregierung, 2008). 80% der Gelder des Fonds sind für eine Nutzung im Amazonasgebiet gebunden, die restlichen 20% können in weitere Gebiete Brasiliens oder andere tropische Staaten fließen. Auf die Verwendung seiner Spende hat der Geldgeber keinen Einfluss.

Im *Nationalen Plan zum Klimawandel* betont Brasilien nochmals, für den Kampf gegen die Rodung des Regenwaldes und die wirtschaftliche Neuorientierung der Region neben nationalen auch auf internationale Mittel angewiesen zu sein, da die Maßnahmen hierzu große Investitionen erfordern. Die Einlagen, auch die des *Fundo Amazônia*, müssten daher in ihrer Höhe den Zielen des Fonds angemessen sein (Governo Federal, 2008, 11).

3 Internationale Klimapolitik: Brasilien in den internationalen Verhandlungen

Nach diesem ausführlichen Blick auf die nationale Klimapolitik Brasiliens mit ihren Programmen, Initiativen und Gesetzen im Bereich des Energiesektors mit Biokraftstoffen, erneuerbaren Energien und Energieeffizienz sowie auf die Entwicklungen bezüglich des Regenwalds und der nachhaltigen wirtschaftlichen Entwicklung des Amazonasgebietes soll in diesem dritten Kapitel die internationale Klimapolitik des Landes näher betrachtet werden. Hierbei beschränkt sich der Blick auf die Position im und zum Kyoto-Prozess, während weitere Umweltpolitiken wie z.b. das Biodiversitätsabkommen keine Berücksichtigung finden.

Im Gegensatz zu vielen anderen größeren Entwicklungsländern, die sich an den internationalen Gesprächen zum Klimawandel oft nur reaktiv auf das Verhalten der Industrieländer beteiligten, haben sich die brasilianischen Regierungen im Verlauf der Jahre an vielen Stellen selbstbewusst und pro-aktiv in die UN-Verhandlungen eingebracht (Ochs, 2007, 11). Das besondere Interesse Brasiliens an dem Thema erklärt sich daraus, dass die Entwicklungen der nationalen Wirtschaft und der sozialen Entwicklungspläne vom Wachstum seines Energiesektors und der Entwicklung der Amazonasregion abhängen. Der besondere Konflikt zwischen letzterer und dem menschenverursachten Klimawandel wurde bereits im vorigen Kapitel behandelt. Weiterhin würde Brasilien von den negativen Folgen des Klimawandels aufgrund seiner klimatischen Bedingungen stark getroffen werden, wenngleich zu diesem Themenbereich noch unzureichende Forschung von brasilianischer Seite durchgeführt wurde.

Aus diesen Gründen hat das Land eine Führungsrolle in den internationalen Verhandlungen eingenommen und führt den Zusammenschluss der Entwicklungsländer G77 gemeinsam mit China (Lahsen und Öberg, 2006, 15). Trotz seines sehr viel emissionsärmeren Energiemixes hat Brasilien mit den anderen Schwellenländern- insbesondere China, Indien, Indonesien und Südafrika-, die sehr viel stärker von fossilen Brennstoffen abhängig sind, im Allgemeinen Allianzen gebildet. Der Vorteil des Energiemixes wurde in der brasilianischen Position immer dem Nachteil der Regenwaldrodung und der daraus resultierenden hohen Emissionen untergeordnet (Viola, 2004, 41). Brasilien hat jedoch in den Verhandlungen immer seine Eigenständigkeit bewahrt und besonders zu den Maßnahmen, die den LULUCF-Sektor betreffen, eine sehr viel striktere Position eingenommen als seine Partner der G77/China (Persson und Azar, 2004, 5) und stimmte nicht immer mit dieser Verhandlungsgruppe überein (Johnson, 2001, 200). Betreffend der Einbeziehung von Kohlenstoffsenken bildete Brasilien mit der EU eine Allianz gegen die Länder, die eine höhere Kontrolle über die Abholzung ihrer nationalen Wälder haben (USA, Kanada, Australien, Russland, Japan, Chile, Argentinien und Costa Rica). Hätte Brasilien bereits im Prozess zum Kyotovertrag die Chancen für eine erfolgreiche Kontrolle der Rodungen in Amazonien besser eingeschätzt, so wäre nach Einschätzung Eduardo Violas das Profil des Vertrags vermutlich ein gänzlich anderes (Viola, 2004, 41).

Brasilien nahm oft eine Brückenfunktion zwischen den Entwicklungs- und den Industrieländern ein und Präsident Cardoso betonte oft die Allianz zwischen EU, Japan und den Schwellenländern, die ein Zustandekommen des Vertrags trotz der unilateralen Haltung der USA schließlich möglich machte (Viola, 2004, 42ff).

Als Gastgeber der Rio-Konferenz (United Nations Conference on Environment and Development, UNCED) 1992 unterzeichnete Brasilien als erstes Land die Klimarahmenkonvention. Während der Vorverhandlungen zur Konferenz nahm die Regierung Abstand von der in den 70er und 80er Jahren verfolgten nationalistischen Position und nahm stattdessen eine globalistische an, indem sie das Zustandekommen einer Konvention unterstützte. Die brasilianische Verhandlungsposition beruhte dabei auf folgenden Grundsätzen: Globale Umweltprobleme seien sehr wichtig und ihnen müsse von der internationalen Gesellschaft hohe Priorität eingeräumt werden. Die Verantwortlichkeiten für die Ursachen seien allerdings historisch unterschiedlich, was sich in den Verpflichtungen widerspiegeln müsse. Daher sollten die reichen Länder höhere Kosten der Anpassungsmaßnahmen übernehmen (Viola, 2004, 38).

Damit sind bereits zwei der drei Hauptthemen gefallen, die Brasilien hauptsächlich beschäftigt haben und die es zu beeinflussen suchte: Die Emissionsverantwortlichkeiten und die Themen zu Landnutzungsänderungen und Forstwirtschaft, LULUCF. Ein drittes Thema ist die Schaffung von flexiblen Mechanismen für die Erfüllung der Emissionsziele der Annex-I-Ländern. Auf diese drei Punkte soll in den folgenden Unterkapiteln eingegangen werden (Román, 2007, 55).

3.1 Der *Brazilian Proposal*: Historische Verantwortlichkeiten

Im Juli 1997 reichte Brasilien beim siebten Treffen der *Ad Hoc Group on the Berlin Mandate* (AGBM7) für die dritte *Conference of the Parties* (COP) in Kyoto einen Antrag ein (*Brazilian Proposal*), der aus zwei Hauptkomponenten besteht. Zunächst enthält er eine Variante für die Berechnung der Verantwortlichkeiten eines jeden Landes – nicht auf Grundlage der jährlichen Emissionen, sondern basierend auf den historischen Beiträgen zum Temperaturanstieg durch diese Emissionen. Weiterhin enthält er einen Vorschlag für einen *Clean Development Fund*

(CDF), in den die Annex-I-Länder bei Verfehlen ihrer Reduktionsziele einzahlen sollen (Lutes und Goldemberg, 1998, 19f). Der zweite Teil des *Proposals* wird im Folgekapitel besprochen; hier soll zunächst auf den Vorschlag zur Berechnung der Verantwortlichkeiten eingegangen werden.

Im *Proposal* selbst ist formuliert, sein Ziel sei die Beschäftigung mit „the central question of the relationship between the emissions of greenhouse gases by Parties over a period of time and the effect of such emissions in terms of climate change, as measured by the increase in global mean surface temperature." (Ministério da Ciência e Tecnologia, 1997, S.2). Er spricht damit das bereits in der *Rio-Deklaration* festgelegte und vom Kyoto-Protokoll aufgenommene Prinzip der gemeinsamen, aber differenzierten Verantwortung (common but differentiated responsibilities) an, dem er eine wissenschaftliche Interpretation zu geben versucht. Er schreibt den Industrienationen einen noch stärkeren Beitrag zum Klimawandel zu als es die Berechnungen aufgrund der Emissionen im Basisjahr 1990 machen und spricht sich dafür aus, dass sie nach dem „*Polluter Pays Principle*" auch die hauptsächlichen Kosten tragen sollen (Ministério da Ciência e Tecnologia, 1997, S. 2ff).

Seine Grundannahme ist, dass die Emissionen eines bestimmten Jahres nicht den tatsächlichen Beitrag eines Landes zum Klimawandel zeigen, sondern dieser vielmehr von den kumulierten Treibhausgasemissionen abhängig ist. Aufgrund einer einfachen mathematischen Rechnung, die eine Beziehung zwischen dem Temperaturanstieg und der Anreicherung der Atmosphäre mit Treibhausgasen herstellt, kann nach dem *Brazilian Proposal* die historische Verantwortlichkeit aller Länder berechnet werden. Damit können allgemeine Mitigationsziele festgelegt werden, die sich am Temperaturanstieg orientieren; diese können in individuelle Emissionsziele der einzelnen Länder übertragen werden (UNFCCC, 2000).

Die ursprüngliche Version des *Proposals* beschreibt, dass die Industrienationen für 75% der Emissionen von 1990, aber für 79% der akkumulierten Emissionen bis 1990 verantwortlich seien. Damit läge ihr Beitrag zur Erderwärmung bei 88%. Somit würde, obwohl der jährliche Emissionsausstoß der Schwellenländer gemäß dem IPCC IS92a Szenario im Jahr 2037 den der Annex-I-Länder erreichen würde, der Beitrag der Schwellenländer nicht vor 2147 dem der Industriestaaten entsprechen (Ministério da Ciência e Tecnologia, 1997, S. 22ff. Der *Proposal* bildete damit nach Meinung Persson/Azar ein starkes Fundament gegen Verpflichtungen für Entwicklungsländer (Persson und Azar, 2004, 2), während Eduardo Viola seinen Einfluss auf die Verhandlungen als gering ansieht, da die Position Brasiliens von den Industriestaaten nicht ernst genommen worden sei. Für die Führungsrolle, die Brasilien innerhalb der G77 einnahm, spiele der Vorschlag aber eine große Rolle (Viola, 2004, 42).

Der *Proposal* birgt einige Schwierigkeiten, die seine Einführung in die UNFCCC-Verhandlungen schwierig gestalteten. Eine davon ist, dass seine Berechnungen der Verschmutzungsbeiträge nicht beachten, wie die Erde auf langfristige Treibhausgasemissionen reagiert. Eine zweite Schwierigkeit ist die Unzuverlässigkeit der Emissionsdaten für die Zeit des beginnenden 20. Jahrhunderts (La Rovere, 2001, 28).

Bereits 1998 legte die brasilianische Delegation eine überarbeitete Version des *Proposals* vor, um der vormaligen Kritik bei der Berechnung der Verantwortlichkeiten zum Temperaturanstieg zu begegnen (Pinguelli Rosa et al., 2004, 1). Aufgrund von nachhaltigem Interesse an den wissenschaftlichen und methodologischen Aspekten des *Proposals* wurden auf Mandat des *Subsidiary Body for Scientific and Technological Advice* (SBSTA) zur weiteren Überprüfung des Vorschlags eine Reihe von Expertentreffen abgehalten. 2003 lud die SBSTA zu einem offenen Forschungsprozess ein, um die wissenschaftliche Analyse des *Brazilian Proposal* fortzuführen. Mehr als 40 Forscher aus 14 Ländern folgten der Einladung und die *Ad Hoc Group on Modelling and Assessment of Contributions to Climate Change* (MATCH) wurde gegründet. Im Oktober 2007 legte sie einen abschließenden Bericht vor (Höhne et al., 2008, 1ff).

Aufgrund dieses Berichtes beschloss SBSTA auf seiner 28. Sitzung im Juni 2008, seine Erörterung des *Brazilian Proposals* abzuschließen. Als Ergebnis wurde festgehalten, dass durch die Arbeit mit dem *Proposal* robuste Methoden erarbeitet wurden, um historische Beiträge zum Klimawandel zu berechnen und dass diese Arbeit nützliche Informationen bereitstellte.

Nach wie vor gibt es aber laut SBSTA Unsicherheiten bezüglich der zugrunde liegenden Daten für die historischen Emissionen, vor allem bezüglich der Emissionen aus dem LULUCF-Sektor.[42] Eine eventuelle Relevanz der Ergebnisse für die weitere Arbeit der Vertragsparteien bezüglich des Kyotoprotokolls und seiner Fortentwicklung wurden aber auch festgestellt (UNFCCC, 2006).

In einem der vier Hauptpapiere der Arbeitsgruppe, das bereits 2005 veröffentlicht wurde, werden die Beiträge der einzelnen Länder zum Klimawandel analysiert.[43] Es kommt zu folgenden Ergebnissen: Während die absoluten Beiträge noch recht großen Unsicherheiten unterlägen, könnten die relativen Beiträge der einzelnen Länder zuverlässig bestimmt werden. Demzufolge stammten die durchschnittlichen Beiträge zur globalen Erderwärmung in 2000 zu 40% von der OECD90,

---

[42] siehe hierzu besonders Ito et al., 2008.
[43] siehe dazu den Elzen et al., 2005.

zu 14% aus Osteuropa und der ehemaligen Sowjetunion, zu 24% aus Asien und 22% aus Afrika, Lateinamerika und dem Mittleren Osten. Den größten Einfluss auf diese Ergebnisse hätten nicht verschiedene wissenschaftliche Berechnungsmethoden, sondern politisch motivierte Entscheidungen, wie zum Beispiel die Zeitspanne der berücksichtigten Emissionen und Gase sowie der Indikatoren. Wähle man statt 1890 das Startjahr 1990, so sänken die Beiträge der OECD-Länder um 6%, während die der asiatischen Länder um 8% stiegen. Berücksichtige man nur Emissionen aus der Verbrennung fossiler Energieträger statt aller Kyotogase (Emissionen aus fossilen Quellen und LULUCF), so stiege der Anteil der OECD um 21% und derjenige Asiens um 14%. Eine Aktualisierung dieses Papiers, das neue Elemente berücksichtigt, wurde erstellt aber noch nicht zur Publikation akzeptiert (Höhne et al., 2008, 5f).[44]

Die Beiträge der Industriestaaten sind somit nach den neuen Berechnungen auch bei Berücksichtigung der Emissionen vor 1990 sehr viel geringer anzusetzen als im *Brazilian Proposal* ursprünglich berechnet. Die brasilianische Position, man sei aufgrund eines geringen Beitrags zur Erderwärmung zur Übernahme bindender Verpflichtungen noch nicht bereit, wird dadurch in Frage gestellt. Es ist abzuwarten, welchen Einfluss diese Ergebnisse auf die weiteren Verhandlungen haben werden.

3.2 Der *Brazilian Proposal*: der CDF

Als zweite Komponente enthält der *Brazilian Proposal* einen Vorschlag für einen Kompensationsmechanismus, falls Staaten ihre bindenden Minderungsziele verfehlen. Ein *Clean Development Fund* (CDF) sollte Strafgelder von Industriestaaten sammeln, die ihre Reduktionsziele verfehlt hatten, um damit Non-Annex-I-Staaten zu unterstützen bei der Einführung saubererer Technologien. Der Vorschlag hatte verschiedene Ziele: Er suchte die Schaffung eines Finanzierungsmechanismus, der Ressourcen von den Industriestaaten in die Entwicklungsländer transferiert, bot einen Emissionshandelsmechanismus mit Nutzen für die Entwicklungsländer sowie drittens einen Mechanismus für verstärkte Anreize zur Erfüllung der Verpflichtungen der Industrienationen (Román, 2007, 56).

Der Vorschlag wurde von den Schwellen- und Entwicklungsländern stark unterstützt, fand sich aber der Ablehnung durch ausnahmslos alle Industriestaaten gegenüber. Im Oktober 1997 kam es jedoch zu einer unerwarteten Entwicklung: Gemeinsam mit den USA brachte Brasilien mit dem *Clean Development Mechanism* (CDM) eine abgewandelte Form des CDF ins Spiel: Ohne den Strafcharakter durch die Zahlungen für ver-

---

[44] Das Erscheinen der Publikation wird auf folgender Internetseite bekannt gegeben: http://www.match-info.net/, zuletzt abgerufen am: 4.2.2009.

fehlte Minderungsziele sollte dieser den Industriestaaten ermöglichen, Teile ihrer Reduktionsziele durch die Finanzierung von Maßnahmen in Non-Annex-I-Ländern zu erzielen. So war das Konzept mehrheitsfähig und wurde zu einer großen Innovation des Kyoto-Protokolls, in dem es als Artikel 12 verankert wurde (Viola, 2004, 40). Auch wenn der CDM nicht wie der vorgeschlagene Fond auf den historischen Emissionen gründet, so wurde Brasilien ein Anhänger des Mechanismus und seit seiner Gründung einer seiner Hauptfürsprecher. Es war das erste Land, das eine DNA ernannte und das erste registrierte Projekt befand sich ebenfalls in Brasilien (Román, 2007, 56). Durch den CDM akzeptierte es – ebenso wie andere Schwellen- und Entwicklungsländer – das Konzept der flexiblen Marktmechanismen zur Erfüllung der Reduktionsverpflichtungen der Industriestaaten. Dies stellte einen wahren Bruch dar zur bis dahin so strengen Ablehnung des Instruments der *Joint Implementation* (JI), welches bereits in der *Rio-Konvention* enthalten war, und der handelbaren Emissionsquoten zwischen Annex-I-Ländern (Viola, 2004, 40).[45]

Für die Entwicklungsländer stellt der CDM ein wichtiges Instrument dar, da er neue, zusätzliche internationale Finanzmittel für die Entwicklungsländer bringt; Investitionen in alternative, weniger emissionsstarke Technologien oder Technologietransfer fördert; die Teilnahme des öffentlichen und privaten Sektors und einzelner Staatsbürger in Projekte zur Nachhaltigen Entwicklung verbessert; neue Beschäftigungsmöglichkeiten generiert; die Produktion und den Konsum nachhaltig gewonnener Energie stimuliert sowie auf lokaler Ebene positive Umwelteinflüsse erzeugt (Feldman und Biderman, 2004, 15f).

Brasilien verstand es, den CDM zu nutzen, um Investitionen und Technologien nach Brasilien zu holen. Gegenwärtig (Stand 16.01.09) hält Brasilien 11,21% der aktuell registrierten CDM-Projekte (149 von 1329) mit einer erwarteten jährlichen Reduktion der Emissionen um 19.774.190 *Certified Emission Reductions* (CER), was 8,03% der Gesamtmenge an Zertifikaten entspricht (UNFCCC, 2009b). Damit hat Brasilien bisher insgesamt 28.548.266 CERs ausgegeben und liegt dadurch mit 11,58% hinter China, Indien und der koreanischen Republik (UNFCCC, 2009a). Im Vergleich zu vergangenen Jahren ist damit der Anteil Brasiliens an den Projekten zurückgegangen. Die Ursache hierfür liegt vermutlich darin, dass Brasilien bereits früh die Chancen durch den CDM erkannte und Maßnahmen ergriff, möglichst viele Projekte ins Land zu holen. In jüngerer Zeit weitet sich das Spektrum der Zielländer für neue Projekte aus, weshalb Brasilien prozentual geringer beteiligt ist.

---

[45] Siehe zur Ablehnung des Instruments der JI durch Brasilien auch Lutes und Goldemberg, 1998, 23ff.

Mit 66% versuchen die meisten CDM-Maßnahmen in Brasilien CO_2-Emissionen zu verringern (Stand 30.09.08), gefolgt von CH_4 mit 32%. In der Verteilung über die verschiedenen Sektoren sind die meisten Projekte im Bereich erneuerbare Energien

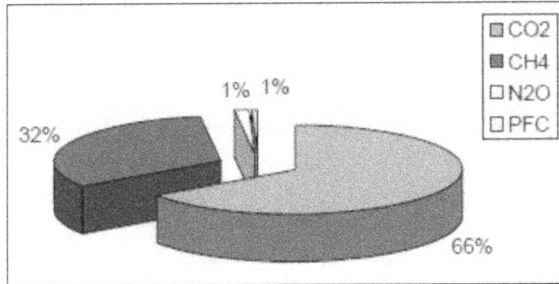

Abb. 9: Verteilung der brasilianischen CDM-Projekte nach Treibhausgasen
Quelle: Ministério da Ciência e Tecnologia, 2008a.

beheimatet, was die Vorherrschaft von Projekten zur Verringerung von CO_2 erklärt (Ministério da Ciência e Tecnologia, 2008a, 6).

Die Projekte liegen in ihrer Mehrheit im besser entwickelten Südosten Brasiliens. Die Ansiedlung von CDM-Projekten in den wirtschaftlich entwickelteren Regionen der Entwicklungsländer ist ein globaler Trend des CDMs und stellt ein fundamentaleres Problem des Mechanismus dar. Dennoch sieht Brasilien im wachsenden CDM-Markt ein großes Potenzial und war in den Verhandlungen stets bestrebt, die Unsicherheiten über seine Fortführung in künftigen Verpflichtungsperioden baldmöglichst zu beseitigen, da diese die Investitionen zunächst bremsten (Román, 2007, 57).

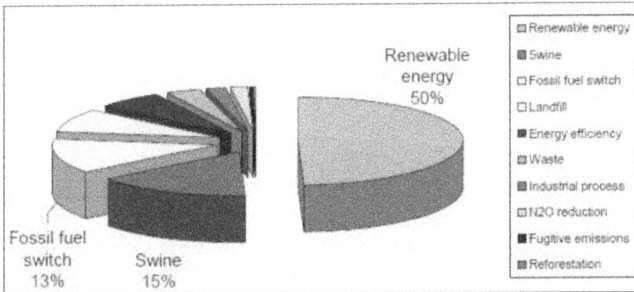

Abb. 10: Verteilung der bras. CDM-Projekte nach Sektoren
Quelle: Ministério da Ciência e Tecnologia, 2008a.

Die Einbeziehung von Projekten zur *Vermiedenen Entwaldung* in den CDM lehnte die brasilianische Delegation in den Verhandlungen um Artikel 12 jedoch strikt ab, im Gegensatz zu fast allen brasilianischen NGOs, zu allen lateinamerikanischen Ländern und den meisten Non-Annex-I-Staaten. Die Gouverneure der Bundesstaaten Amazoniens und die meisten brasilianischen Wissenschaftler hätten die Einbeziehung begrüßt. Die offizielle Begründung der Regierung für ihre ablehnende Haltung stützte sich hauptsächlich auf die folgenden Argumente: Erstens trage die Bewahrung eines bestehenden Waldes nicht zur Minderung des Klimawandels bei, zweitens könnte eine Einbeziehung angesichts der hohen eingelagerten Kohlendioxidmengen die Emissionsminderungen durch das Protokoll auf Null senken und drittens werde es aufgrund der Probleme der Zusätzlichkeit (*„additionality"*) und des Verlust-Effekts (*„leakage"*) nie möglich sein zu beweisen, dass ein Projekt zur *Vermiedenen Entwaldung* wirklich zu verringerten Emissionen führt (Persson und Azar, 2004, 4).

Während die Europäische Union gegen die Aufnahme jeglicher Senken in das Protokoll war, begrüßte Brasilien die Einbeziehung von forstwirtschaftlichen Pflanzungen. Dies macht deutlich, dass Brasilien die *Vermiedene Entwaldung* deshalb ablehnte, weil unter den brasilianischen Delegierten die Meinung Vorherrschaft hatte, die Abholzung sei nicht zu kontrollieren. Brasilien fürchtete, Druck ausgesetzt zu werden, wenn das Land trotz akzeptierter Kreditierung die Kontrolle über die illegalen Rodungen nicht erlange, und somit die uneingeschränkte Souveränität über Amazonien einzubüßen (Fearnside, 2006, 4). Eine weitere Sorge Brasiliens war, in Zukunft könnten bei Reduktionsverpflichtungen auch für Schwellenländer aus der Einbeziehung der *Vermiedenen Entwaldung* größere Minderungsforderungen resultieren (Viola, 2008, 7). Ein positiver Grund, die Waldfrage nicht im Protokoll zu verankern, war die Möglichkeit, sich international aufgrund seines niedrigen Emissionsprofils aus der Energiewirtschaft als Anbieter alternativer, kohlenstoffarmer Technologien zu profilieren, solange LULUCF-Emissionen keine Rolle spielen.

3.3 Der Forest Proposal von 2006

Im November 2006, auf der 12. Vertragsstaatenkonferenz in Nairobi, begann Brasilien seine Abwendung von der historischen Position, gegen eine Einbeziehung der *Vermiedenen Entwaldung* zu sein. Der Grundstein hierzu wurde bereits auf COP-11 in Montreal gelegt. Die *Coalition for Rainforest Nations* (CfRN) mit damals acht Mitgliedern, allesamt kleinere Regenwaldnationen, brachte unter Führung von Papua Neuguinea dort das Thema der *Vermiedenen Entwaldung* in Entwicklungsländern in die Verhandlungen um die Merkmale des Klimaregimes ab 2012 ein. Sie schlug in einer Vorlage mit dem Titel *Reducing emissions from deforestation in developing countries: approaches to stimulate action* vor zu debattieren, ob Anreize für *Vermiedene Entwaldung* in ein Nachfolgeprotokoll für eine zweite Verpflichtungsperiode eingeflochten werden sollten. Der Vorschlag fand breite Zustimmung und wurde dem SBSTA zur weiteren Bearbeitung übergegeben. Erstmals gelang hier, auch Brasilien von einer Zustimmung zur Debatte dieses Themas zu überzeugen (UNFCCC, 2009c).

In der Folge brachten die verschiedenen Vertragsstaaten ihre Sichtweisen und Vorschläge über die Einbeziehung der Wälder in das Klimaregime vor. Auf COP-12 in Nairobi 2006 präsentierte auch Brasilien auf Initiative des Umweltministeriums einen Vorschlag. Es empfahl die Gründung eines *Forest Funds*, der Entwicklungsländer dafür entschädigen soll, die Zerstörung ihrer Regenwälder aufzuhalten (Román, 2007, 57). Die Idee ist, dass eine Reduzierung der Abholzungsraten unter eine festgelegte nationale Referenz (*Baseline*) für einen 5-Jahres-Rhythmus ein Land zu einem finanziellen Ausgleich aus diesem Fond berechtigt und somit tatsächliche Erfolge bei der Verringerung der Entwaldungsrate belohnt werden. Bei Emissionen, die die *Baseline* übersteigen, müsste das Land Zahlungen in den Fond leisten. Die *Baseline* würde für jedes Land im 5-Jahres-Rhythmus aufgrund der durchschnittlichen Emissionen aus Entwaldung berechnet. Hauptambition ist dabei der brasilianischen Regierung zufolge die Schaffung eines Mechanismus, der Zusätzlichkeit gewährleistet. Überdies belohnt eine nur alle fünf Jahre neu berechnete Baseline langfristig angelegte Politiken.

Der Fond würde aus freiwilligen Zahlungen der Industrieländer gefüllt werden, die hierfür lediglich einen kleinen Teil ihrer Reduktionsverpflichtungen gutgeschrieben bekommen (Heinrich Böll Stiftung, 2009). Die Maßnahmen gegen Entwaldung wären zudem kein CDM-Projekt, das Emissionsrechte kreiert, sondern würden direkt aus dem Fond finanziert. Aus dieser zusätzlichen Einsparung von Emissionen (statt einer Ersetzung anderer Maßnahmen in den Industrieländern) resultiere ein größerer Nutzen für die Umwelt.[46]

International fand der Vorschlag wenig Beachtung. Aufgrund der freiwilligen Zahlungen wurde er als unrealistisch und als ein weiterer Vorschlag der Entwicklungsländer eingestuft, Geld für den Erhalt ihrer Wälder zu erlangen (Román, 2007, 57). Für die internationalen Verhandlungen kam er zu spät; auf der 13. Vertragsstaatenkonferenz in Bali wurde stattdessen mit dem REDD-Mechanismus (*Reducing Emissions from Deforestation and Forest Degradation*) der Vorschlag der CfRN Teil des *Bali Action Plans*. Der Vorschlag eines *Forest Funds* ist jedoch ein deutlicher Indikator für den Transformationsprozess in der brasilianischen Regierung und der öffentlichen Meinung. Er wurde vom Umweltministerium entwickelt und musste zunächst eine tiefe Ablehnung durch andere an der Meinungsbildung beteiligte Institutionen überwinden. Mit dem *Forest Fund* akzeptierte Brasilien erstmals die Verflechtung von Abholzung und globalen Finanzierungsinstrumenten. Andererseits zeigt

---

[46] Aus diesem Vorschlag zur Gründung eines internationalen Fonds entstand der nationale Fundo Amazônia, den die brasilianische Regierung im August 2008 vorstellte. Siehe hierzu Kapitel 2.2.

der Vorschlag erneut den traditionellen Widerwillen, den Emissionshandel vollständig zu akzeptieren (Viola, 2008, 10).

3.4 Aktuelle Positionen in und zu den Verhandlungen

Brasilien begrüßt auch 2009 nach wie vor die Einigung von Bali, einen REDD-Mechanismus zur Reduzierung der Abholzung von Wäldern in Entwicklungsländern in den Folgevertrag des Kyoto-Protokolls einzuarbeiten. Eine Beteiligung der Entwicklungsländer an hieraus finanzierten Maßnahmen dürfe aber ausschließlich auf freiwilliger Basis stattfinden und keinerlei zukünftige Verpflichtungen, Ziele oder Fristen generieren (Heinrich Böll Stiftung, 2009). Als Finanzierungsmodell tritt Brasilien wie in seinem *Forest Proposal* für die Schaffung eines internationalen Fonds ein, in den die Industrieländer einzahlen und aus dem die Entwicklungsländer ihre Mitigationsmaßnahmen bezahlen können sollen. Andere Länder sprechen sich für ein System aus, das dem CDM ähnlich ist und mit dem Kauf und Verkauf von Zertifikaten arbeitet (ANDI – Agência de Notícias dos Direitos da Infância, 2009a). Die offizielle Position Brasiliens ist es, dass die Integration von REDD in den internationalen Emissionshandel die Reduktionspflichten der Industrieländer verwässere und den Druck verringere, auf weniger kohlenstoffintensive Techniken umzusteigen. Aus diesem Grund sei ein Fond die angemessenere Lösung. Andere Bundesstaaten Amazoniens teilen diese Meinung allerdings nicht einstimmig und diskutieren verschiedene weitere Möglichkeiten kontrovers (Heinrich Böll Stiftung, 2009).

Dieser Fond für Maßnahmen zur Vermiedenen Entwaldung könnte nach Meinung Brasiliens ein Unterfond des Adaptationsfonds sein, der bereits im Kyoto-Protokoll verankert ist und als eine weitere Hauptachse in den *Bali Action Plan* eingegangen ist, zu dem es aber ähnlich wie zum REDD-Mechanismus in Posen auf der Klimakonferenz Ende 2008 keine konkreteren Weiterentwicklungen gab. In diesen Fond zur Bekämpfung der Auswirkungen des Klimawandels in den ärmsten Ländern sollen laut Kyoto-Protokoll zwei Prozent des durch den CDM geschaffenen Geldwertes von den Industrieländern eingezahlt werden (ANDI – Agência de Notícias dos Direitos da Infância, 2009a). Der Fond ist aber immer noch nicht in Funktion.

Am 18. Februar 2009 stellte der Umweltminister Carlos Minc zum Aufbau diesen Fonds auf dem internationalen Umweltministergipfel der UNEP in Nairobi, Kenia, einen neuen Vorschlag aus Brasilien vor, der in Absprache mit dem Außenministerium und dem MCT entstanden ist. Der Vorschlag mit dem Titel *Espiral Descendente de Carbono* sieht die Einrichtung eines Mitigationsfonds vor, den die Industrieländer insgesamt mit Einlagen in Höhe von mindestens 100 Mrd. Euro finanzieren sollen und dessen Gelder den Ländern zugute kämen, die von den Phänomenen des Klimawandels am stärksten betroffen sind und sein werden. Gemäß dem Vorschlag gäbe es ein Unterkonto im Fond, dessen Gelder für den Kampf gegen den Waldabbau eingesetzt würden. Dafür würde jedem Hektar Wald ein noch festzulegender Geldwert zugewiesen, der aus dem Fond an die Länder fließt, die Wälder besitzen. Wenn ein Land seine Waldfläche verringert, bekäme es immer weniger Ressourcen pro Hektar aus dem Fond, während Länder, die ihre Waldflächen vergrößern, steigende Beträge pro Hektar erhielten. Zunächst könnte der Fond gespeist werden, indem die Industrieländer 10% des Wertes, den die jährlichen Transaktionen durch den CDM haben sowie 10% der Gewinne, die aus der Produktion von und dem Handel mit Kohle und Öl entstehen, einzahlen. Damit könnten umgehend Mitigationshandlungen eingeleitet werden.

Weiterhin betonte der Minister die Notwendigkeit zu einem beiderseitigen Einsatz von Industrie- und Entwicklungsländern zur Übernahme mutigerer Ziele in der Emissionsminderung. Wenn gemäß der gemeinsamen, aber verschiedenen Verantwortlichkeiten den Entwicklungsländern hierfür die finanziellen Ressourcen und die Technologien zur Verfügung gestellt würden, könnte in Kopenhagen auf dem 15. Weltklimagipfel Ende des Jahres 2009 ein starkes internationales Abkommen erreicht werden. Der eingebrachte Vorschlag bedinge beiderseitige, aber differenzierte Verpflichtungen im Kampf gegen die Erderwärmung. Es gelte, wieder das Vertrauen zu schaffen, dass dieser Kampf ernst genommen und von Allen mit den größten Anstrengungen verfolgt würde (Ministério do Meio Ambiente, 2009).

Die Initiative gründet in seinem Aufbau auf dem *Forest Proposal* und auf dem von der brasilianischen Regierung während des Klimagipfels in Posen vorgestellten Nationalen Plan zum Klimawandel. In Posen stellten einige Entwicklungs- und Schwellenländer wie China, Mexiko, Peru und eben Brasilien konkrete nationale Pläne zur Reduzierung ihres Beitrags zum Klimawandel vor. Paulo Moutinho, Mitarbeiter des brasilianischen Instituts IPAM *(Instituto de Pesquisa Ambiental da Amazônia)* und langfristiger Teilnehmer an den Klimagipfeln, sieht dadurch das Gewicht der Entwicklungsländer in den Verhandlungen steigen (ANDI – Agência de Notícias dos Direitos da Infância, 2009a). Präsident Lula da Silva sagte bereits im August 2008 in einer Ansprache im Sitz der BNDES, dass die Gründung des Amazonasfonds Brasiliens Einfluss in den internationalen Verhandlungen erhöhen wird. Zeitgleich mit dem *Fundo Amazônia*[47] stellten Präsident Lula da Silva und Umweltminister Carlos Minc dort den Plan zur Schaffung eines Nationalen Fonds zum Klimawandel (*Fundo Nacional sobre Mudança do Clima*), kurz *Fundo Clima*,

---

[47] Der *Fundo Amazônia* wird in Kapitel 2.2 vorgestellt.

vor. Auch dieser scheint Vorlage gewesen zu sein für den neuen Vorschlag *Espiral Descendente de Carbono*, der auf nationaler Ebene ein ähnliches Prinzip verfolgt. Für den *Fundo Clima* wurde das bestehende Gesetz n° 9.478, das *Lei do Petróleo*, geändert. Dieses schrieb bisher die Überführung von 10% der Gewinne der Ölindustrie in einen Notfallfond des Umweltministeriums vor. Diese *participação especial* wurde zurückgelegt zum Ausgleich der Umweltfolgen bei möglichen Unfällen oder Lecks an einer Ölleitung und stand für andere Verwendungen nicht zur Verfügung (Ministério do Meio Ambiente, 2008). Nach den neuen Änderungen können bis zu 60% des Sicherungsfonds für die Ausführung von Projekten und Studien und die Finanzierung von Mitigationsmaßnahmen gegen den Klimawandel und die Anpassung an seine Effekte verwendet werden. Die Initiative wird als strategische Maßnahme für die Umsetzung des Nationalen Plans zum Klimawandel gesehen, denn dieser soll bis zu 300 Mio. Reais im Jahr zur Finanzierung der im Nationalen Plan zum Klimawandel verankerten Maßnahmen freisetzen. Somit werden die weltweiten Hauptverursacher des Klimawandels, die fossilen Kraftstoffe, zur Haupteinnahmequelle des *Fundo Clima* (ANDI – Agência de Notícias dos Direitos da Infância, 2009d). Carlos Minc sagte bei der Vorstellung des Gesetzesentwurfs, Brasilien habe mit dem *Fundo Clima* ein erstes praktisches Beispiel für den Post-Kyoto-Prozess gegeben. Brasilien werde durch den Fond „fiskalischen Mehrwert in ökologischen Mehrwert" verwandeln (Ministério do Meio Ambiente, 2008).

3.5 Chancen für eine Einbeziehung Brasiliens in ein Nachfolgeabkommen – eine Bilanz

Auch wenn sich in Brasilien in den letzten Jahren, besonders seit 2006, vieles positiv entwickelt hat und der Politikbereich Klima auf nationaler wie internationaler Ebene wichtiger geworden ist, so muss die Chance für eine Einbeziehung Brasiliens in ein Nachfolgeabkommen doch kritisch bewertet werden.

Die lange vorherrschende Einstellung, wirtschaftliches Wachstum sei mit den Erfordernissen einer Bekämpfung des Klimawandels nicht vereinbar, schwindet allmählich. Zwar wurde schon 1999 die Interministerielle Kommission gegründet, doch ihre Hauptaufgabe war die Koordinierung und Verwaltung der den CDM betreffenden Maßnahmen. Bis 2007 herrschte die Meinung vor, darüber hinausgehende Mitigationspolitiken seien unnötig. Als Begründung wurde immer wieder das Argument der gemeinsamen, doch differenzierten Verantwortlichkeiten bemüht, um die Verantwortung zur Emissionsminderung auf die Industriestaaten abzuwälzen. Diese bis vor kurzem vorherrschende Haltung beschränkte die Handlungsbereitschaft Brasiliens sehr.

Einen ersten Wendepunkt stellt das Jahr 2006 dar. Damals verstärkte sich der Einfluss des Umweltministeriums in den Fragen des Klimawandels. Mit dem *Forest Proposal* brachte es einen Vorschlag in die internationalen Verhandlungen ein, in dem die Industrieländer einen freiwilligen Aktionsrahmen der Entwicklungsländer finanzieren sollten. Der vielleicht wichtigste Schritt der brasilianischen Regierung seit Unterzeichnung der Rio-Konvention war im November 2007 die Gründung des Interministeriellen Komitees, das die Ausarbeitung einer Politik und eines Plans zum Klimawandel zum Ziel hatte (ANDI – Agência de Notícias dos Direitos da Infância, 2008). Er ist der erste Ausdruck dafür, dass Brasilien nun doch Mitigationspolitiken neben dem CDM befürwortet und durchführen will. Nur ein Jahr später wurde im Dezember 2008 der Nationale Plan zum Klimawandel bereits verabschiedet. Seine Absichten sind weitreichend, wenn auch – außer im Bereich der Bekämpfung illegaler Regenwaldrodung – kaum konkrete Ziele genannt werden. Aber schon die Umsetzung dieser Absichtserklärung würde angesichts der Tatsache, dass die Abholzung Amazoniens die Hauptemissionsquelle Brasiliens darstellt, einen erheblichen Fortschritt auch in der Bekämpfung des Klimawandels bedeuten.

Doch trotz der bereits vermeldeten Erfolge der letzten Jahre ist eine nachhaltige Besserung eher nicht zu erwarten; zumindest ist sie davon abhängig, dass die erforderlichen finanziellen Mittel aus dem Ausland kommen. Brasilien erwartet Einlagen in den Amazonasfond in Höhe von 1 Mrd. US$ pro Jahr. An den Fluss dieser Gelder ist die Umsetzung des Plans, die illegalen Rodungen vollständig zu verhindern, gekoppelt (ANDI – Agência de Notícias dos Direitos da Infância, 2009c). Sollten diese Gelder nicht fließen, ist nicht davon auszugehen, dass Brasilien seine ehrgeizigen Ziele in vollem Maße umsetzt, und nicht nur in Zeiten einer Weltwirtschaftskrise scheinen Einlagen in einer solchen Summe nur schwer erreichbar, gerade wenn auch an anderen Stellen weiteres Geld für den Klimaschutz fließen soll. Sollte also der *Fundo Amazônia* nicht im von Brasilien erwarteten Ausmaß unterstützt werden, bleiben positive Folgen für die Anstrengungen im Waldschutz und an anderen Stellen des Klimaschutzes höchst unsicher. Ebenso zweifelhaft erscheint, ob Brasilien zu höheren eigenen Einlagen bereit ist.

Die Meinung, wirtschaftliches Wachstum sei mit den Erfordernissen einer Bekämpfung des Klimawandels nicht vereinbar, schwindet vielleicht allmählich. Doch ihr Platz wird eingenommen von der Meinung, man könne den Klimawandel gerne bekämpfen, solange daraus wirtschaftliches Wachstum entstehe. Allerdings ist die Bereitschaft gering, hierfür Investitionen aus eigenen Mitteln bereitzustellen. Vielmehr sieht man es nach wie vor als Pflicht der Industrieländer an, ohne Gegenleistungen wie beispielsweise Emissionsrechte für sämtliche Maßnahmen aufzukommen. Ob auf dieser Grundlage eine Einigung in Kopenhagen möglich ist, scheint äußerst fraglich.

Brasilien besteht darauf, aufgrund des als notwendig erachteten Wirtschaftswachstums keine bindenden Emissionsgrenzen eingehen zu können. Das Wachstum der Wirtschaft bedeutet eine stark steigende Energienachfrage in Brasilien, die es zur Überzeugung kommen lässt, bindende Emissionsmengen seien mit den Wachstumsplänen unvereinbar.[48] Möglich ist es aber vielleicht, Brasilien zur Übernahme von Verpflichtungen bezüglich der Emissionsintensität anstatt der Emissionsmenge zu bewegen. China, Indien und Brasilien haben alle angedeutet, dass dies eine Möglichkeit sei, die gleichzeitig Raum für Wirtschaftswachstum lasse. Ein möglicher Weg wäre daher vielleicht, in Kopenhagen über verstärkte Verpflichtungen der Industrieländer bezüglich der Emissionsmengen im Vergleich zum Basisjahr 1990 zu sprechen, während für die Entwicklungs- und Schwellenländer Ziele hinsichtlich der Emissionsintensität verhandelt werden (Whalley und Walsh, 2008, 18f). Zu vermuten ist aber, dass auch hier Brasilien eine höhere Beteiligung der Industrieländer in Form von Technologie- und Finanztransfer erwartet, als diese zu leisten bereit sind. Eine Einigung – und sie erscheint nach dem zuvor Gesagten erreichbarer denn je – erfordert sicher eine weitere Bewegung beider Seiten aufeinander zu. Das bedeutet für Brasilien vermutlich, über den eigenen Schatten der Fixierung auf primär nationalökonomische Entwicklungsziele zu springen und vielleicht auch weitere Opfer seitens der Industrieländer des Westens – wenn diese denn ihrerseits im Bewusstsein einer globalen Verantwortung für die Zukunft der Erde dazu bereit sind.

---

[48] Der *Plano Decenal de Expansão de Energia 2008-2017* beinhaltet Prognosen für die Elektrizitätsnachfrage, die zu dem Schluss führen, die Kapazitäten zur Stromerzeugung müssten bis 2017 von 99,7 GW auf fast 155 GW ansteigen. Knapp die Hälfte der Kapazitätssteigerung soll durch Thermoelektrik gewonnen werden. Dafür sollen allein 40 schwerölbasierte Wärmekraftwerke gebaut werden, eine der umweltschädlichsten Kraftwerkstechnologien. Regierungsvertreter bestätigen, dass hierdurch die Emissionen ansteigen werden. Siehe hierzu ANDI – Agência de Notícias dos Direitos da Infância, 2009b. Der verstärkte Rückgriff auf Elektrizitätsgewinnung durch fossile Energieträger in emissionsintensiven Kraftwerken zeigt, dass die Prioritäten der Regierung nicht im Klimaschutz liegen.

4 Fazit

In der vorliegenden Arbeit wurde gezeigt, wie sich die Klimapolitik in Brasilien im Verlauf der letzten Jahre entwickelt hat und welche Konsequenzen dies für die internationalen Verhandlungen hatte und haben wird.

Die Entwicklung von Klima als Politikthema sowie die Herausbildung der Akteure wurde in Kapitel 1 dargelegt. Hierbei zeigte sich, dass zunächst das Außenministerium für die Positionierung in den internationalen Gremien zur Klimapolitik verantwortlich war. Dies hatte zur Folge, dass die brasilianische Position zum Kyoto-Prozess immer stark an den außenpolitischen und außenwirtschaftlichen Interessen ausgerichtet war. Doch während zu Beginn die Sorge Brasiliens um seine Souveränität über Amazonien und die wirtschaftliche Entwicklung des Landes Vereinbarungen zu Klimaschutzzielen in unerreichbare Ferne rückte, vergrößert besonders seit Beginn des neuen Jahrtausends die verstärkte internationale Aufmerksamkeit, die dem Klimawandel entgegengebracht wird, den Handlungsrahmen auch der brasilianischen Politik und vor allem den Willen zum Handeln. Dies schlägt sich in der Gründung verschiedener Institutionen nieder, die zum Thema Klima arbeiten, sowie in verschiedenen Politikmaßnahmen zur Umsetzung von Klimaschutz. Verstärkt wurde diese Entwicklung durch die Implementierung des Kyoto-Vertrags und den darin verankerten CDM-Mechanismus. Entwicklungen, die besonders hervorzuheben sind, sind im November 2007 die Gründung des Interministeriellen Komitees zum Klimawandel (CIM), das den im Dezember 2008 veröffentlichten Nationalen Plan zum Klimawandel (PNMC) ausarbeitete, sowie die stärkere Anteilnahme von Wissenschaft, Industrie und Zivilgesellschaft an der Diskussion, für die die Gründung des *Observatório do Clima* im März 2002 und des *Rede Clima* im November 2007 Beispiele sind.

Im zweiten Kapitel wurde aufgezeigt, dass in Brasilien bereits Programme und Politiken existieren, die den Klimawandel aufhalten sollen, obwohl das Land bislang noch keine internationalen Verpflichtungen eingegangen ist. Programme gibt es vor allem im Energiesektor zu erneuerbaren Energien und zur Energieeffizienz, seit den letzten Jahren aber auch verstärkt im Waldschutz. Viele Programme sind schon vor langer Zeit eingeführt worden, was einen wichtigen Zusammenhang deutlich macht: Ihr primäres Ziel war es nie, Klimaschutz zu betreiben, sondern sie sollten die nachhaltige Entwicklung fördern. Besondere Beispiele sind hier die Programme PROCEL aus dem Bereich der Energieeffizienz sowie das brasilianische Ethanolprogramm zur Nutzung von Biokraftstoffen. Ihr positiver Nebeneffekt auf das Klima wurde zunächst noch nicht einmal für erwähnenswert erachtet; erst seit die nationale und internationale Öffentlichkeit sich für das Thema so besonders interessiert, streicht die brasilianische Regierung den Klimanutzen ihrer Programme heraus.

Dieser besondere Zusammenhang zwischen Minderungsmaßnahmen von Emissionen und nachhaltigen Entwicklungsstrategien zeigt sich aber auch in neueren Programmen, beispielsweise im Bereich Biodiesel. Primäre Ziele des Programms sind für die brasilianische Regierung ein wirtschaftliches Wachstum durch die Nutzung von Marktvorteilen auf diesem expandierenden Markt sowie als soziale Komponente die Förderung von Kleinbauern im strukturschwachen Norden des Landes. Wichtig ist der Regierung zudem bei allen Programmen im Energiesektor, die Abhängigkeit des Landes von aus dem Ausland zu importierenden Rohstoffen zu verringern. Die Nutzung heimischer Ressourcen war Antrieb sowohl bei den Biokraftstoffprogrammen als auch bei der Erschließung von weiteren erneuerbaren Energiequellen wie besonders der Wasserkraft, für die Brasilien ein hohes Potenzial besitzt.

Im Waldschutz sind in den letzten Jahren Maßnahmen ergriffen worden, deren Nutzen zusätzlich zum Klimaschutz nicht so stark ist wie im Energiesektor. In den letzten Jahren sind verstärkt Schutzprogramme für den Regenwald ausgerufen worden wie beispielsweise *Áreas Protegidas da Amazônia* (ARPA) aus dem Jahr 2002, das neue Forstgesetz von 2006 und die Ziele zur Verringerung der illegalen Abholzung, die im Nationalen Plan zum Klimawandel von 2008 verankert sind. Anlass hierfür ist zum einen der große nationale und vor allem internationale Druck, der den politischen Handlungsrahmen vergrößert, sowie zum anderen die Möglichkeit, die Maßnahmen aus dem Ausland finanzieren zu lassen. Dies geschieht einmal durch den CDM, zusätzlich aber auch durch die große Bereitschaft von Regierungen, NGOs und Einzelpersonen für den Erhalt des Regenwaldes zu spenden. Somit schlägt Brasilien aus den Waldschutzmaßnahmen auch wirtschaftlichen Nutzen.

Auch in den internationalen Verhandlungen, die im dritten Kapitel besprochen wurden, war Brasilien immer bemüht, das Recht auf wirtschaftliches Wachstum in den Vordergrund zu stellen. Es unterstützte das Zustandekommen einer Konvention, vertrat dabei aber die Position, dass den unterschiedlichen Verantwortlichkeiten für die Klimaerwärmung Rechnung getragen werden müsse und die reichen Länder höhere Kosten der Anpassungsmaßnahmen übernehmen sollten. Dieser Standpunkt spiegelt sich auch im *Brazilian Proposal* wider, den Brasilien bereits 1997 einreichte. Er führte nicht nur zur Schaffung des CDM, sondern berechnete auch die Verantwortlichkeiten der einzelnen Länder für den Temperaturanstieg und kam zu dem Schluss, der Beitrag der Schwellenländer entspräche erst Mitte des kommenden Jahrhunderts dem der Industrieländer. Dies bildete die Basis für die brasilianische Argumentation, sich noch nicht zu Emissionsminderungen verpflichten zu müssen und für durchzuführende Maßnahmen auf Finanzmittel der Industrieländer zurückgreifen zu wollen. Die seit 1997 durchgeführte Forschung zum *Proposal* durch verschiedene internationale Expertengruppen legte im Oktober 2007 ihren Abschlussbericht vor. Nach diesen neuen Berechnungen sind die Beiträge der Industriestaaten sehr viel geringer anzusetzen als ursprünglich im *Brazilian Proposal* berechnet, was der brasilianischen Position ihre Grundlage zumindest teilweise entzieht.

Die brasilianische Position verändert sich seit 2006 auch stärker als zuvor, besonders im Waldschutz sind Fortschritte zu vermelden. Nur einen Monat nach der Präsentation des Abschlussberichtes zum *Brazilian Proposal* gründete Brasilien das Interministerielle Komitee zur Ausarbeitung des Nationalen Plans zum Klimawandel, der weitere Bemühungen zum Klimaschutz verspricht. Allerdings besteht Brasilien für die meisten Maßnahmen darauf, dass diese von den Industrieländern finanziert werden. Für eine Einigung auf ein weitreichendes Post-Kyoto-Abkommen müsste Brasilien seine Bereitschaft zu eigenen Investitionen oder zumindest Kompensationsleistungen für von den Industrieländern bereitgestellte Finanzmittel, beispielsweise in Form von Emissionsrechten, verstärken. Anders wird ein Kompromiss zwischen Industrie- und Schwellenländern nicht zu erreichen sein.

Eine Einigung auf bindende Emissionshöhen für Brasilien ist nicht abzusehen; möglich ist vielleicht eine Verpflichtung zur Emissionsintensität, wenn hierfür eine Gegenleistung der Industrieländer erfolgt. Wie in Abschnitt 3.5 dargelegt, müsste sich aber auch hierfür Brasilien verstärkt bereit zeigen, eigene Leistungen auch in ökonomischer Hinsicht zu erbringen. Zudem ist auch bei Verpflichtungen auf Emissionsintensitäten noch fraglich, ob eine Einigung darüber erzielt werden kann, auch die Emissionen aus LULUCF in das Abkommen mit einzubeziehen. Diese bergen eine besondere Schwierigkeit, die aufgrund des begrenzten Umfangs der Arbeit nur am Rande betrachtet werden konnte und als Ergänzung in einer eigenen Arbeit untersucht werden könnte: Ihre Berechnung ist äußerst problematisch und die Emissionen unterliegen zudem großen Schwankungen.

Festzuhalten bleibt zum Schluss: Trotz aller Schwierigkeiten, die vor einer Einigung auf einen Nachfolgevertrag zum Kyoto-Protokoll noch überwunden werden müssen, hat sich die Klimapolitik in Brasilien im Verlauf der letzten Jahre positiv weiterentwickelt. Die Möglichkeiten, frühzeitig in eine neue Phase verstärkter internationaler Bemühungen zur Verlangsamung des Klimawandels unter intensiverer Einbeziehung auch von Schwellenländern wie Brasilien einzutreten, sind so hoch wie nie.

5 Literaturverzeichnis

ADA Digital (2009): *Governo anuncia recursos internacionais para proteger Amazônia*, http://www.adadigital.net/index.php?option=com_content&view=-article&id=1775:governo-anuncia-recursos-internacionais-para-proteger-amazonia&catid=36:ecologia&Itemid=194, abgefragt am: 29.1.2009.

ANEEL- Agência Nacional de Energia Elétrica (2009): *BIG - Banco de Informações de Geração*, http://www.aneel.gov.br/aplicacoes/capacidadebrasil-/FontesEnergia.asp?, abgerufen am: 16.2.2009.

ANDI – Agência de Notícias dos Direitos da Infância (2008): *Desafios para a política e o plano nacional em mudança de clima*, http://www.mudancasclimaticas.andi.org.br/content/desafios-para-politica-e-o-plano-nacional-em-mudanca-de-clima, abgefragt am: 20.02.09.

ANDI – Agência de Notícias dos Direitos da Infância (2009a): *COP 14 e as tendências para 2009*, http://www.mudancasclimaticas.andi.org.br/node/828, abgefragt am: 20.2.2009.

ANDI – Agência de Notícias dos Direitos da Infância (2009b): *Políticas nacionais. Processos participativos*, http://www.mudancasclimaticas.andi.org.br/node/216, abgefragt am: 20.02.09.

ANDI – Agência de Notícias dos Direitos da Infância (2009c): *Políticas nacionais. Projeto de Lei e Plano Nacional*, http://www.mudancasclimaticas.andi.org.br/node/213, abgefragt am: 20.02.09.

ANDI – Agência de Notícias dos Direitos da Infância (2009d): *Políticas nacionais. Recursos e conhecimentos*, http://www.mudancasclimaticas.andi.org.br/node/215, abgefragt am: 20.02.09.

Canal Rural (2009): *Programa Luz para Todos não atinge meta do ano passado*, http://www.canalrural.com.br/canalrural/jsp/default.jsp?uf=1&local=1&action=noticias&id=2371075&section=noticias, abgefragt am: 16.01.2009.

Câmara, Gilberto, Dalton de Morisson Valeriano und João Vianei Soares (2006): *Metodologia para o Cálculo da Taxa Anual de Desmatamento na Amazônia Legal*, São José dos Campos: INPE, Brazil, http://www.obt.inpe.br/prodes/metodologia.pdf, abgefragt am: 14.2.2009.

Casa Civil (2006): *Gesetz Nº 11.284*, Brasília: Presidência da República, Subchefia para Assuntos Jurídicos, http://www.planalto.gov.br/ccivil_03/_Ato2004-2006/2006/Lei/L11284.htm, abgefragt am: 4.3.2009.

CEIB- Comissão Executiva Interministerial (2009): *Programa Nacional de Produção e Uso de Biodiesel. O Programa*, http://www.biodiesel.gov.br/, abgerufen am: 16.1.2009.

den Elzen, Michel, Jan Fuglestvedt, Niklas Höhne, Cathy Trudinger, Jason Lowe, Ben Matthews, Bård Romstad, Christiano Pires de Campos und Natalia Andronova (2005): *Analysing countries' contribution to climate change: scientific and policy-related choices*, Environmental Science & Policy, Band 8, Nr. 6, Mitigation and Adaptation Strategies for Climate Change, S. 614-636.

Eco Desenvolvimento (2009): „O Brasil estará livre de queimadas em 2020", diz Minc, http://www.ecodesenvolvimento.org.br/noticias/201co-brasil-estara-livre-de-queimadas-em-2020201d, abgefragt am: 20.1.2009.

76

Eletrobrás (2007a): *Programas. Luz para todos,*
http://www.eletrobras.com/elb/data/Pages/LUMIS32AB99AAPTBRNN.htm,
abgefragt am: 16.01.2009.

Eletrobrás (2007b): *Programas. Proinfa,*
http://www.eletrobras.com/elb/data/Pages/LUMISABB61D26PTBRNN.htm, abgefragt am: 21.1.2009.

Empresa de Pesquisa Energética, *Balanço Energético Nacional 2008: Ano base 2007,* Rio de Janeiro: EPE,
https://ben.epe.gov.br/downloads/Relatorio_Final_BEN_2008.pdf, abgefragt am: 4.3.2009.

Energy Information Administration (2008): *International Energy Outlook, Washington:* EIA.

Fearnside, Philip M. (2006), *Mitigation of Climatic change in the Amazon,* in: Laurence, William F. und Carlos A. Peres (Hrsg.), *Emerging Threats to Tropical Forests,* Chicago, Illinois, USA: University of Chicago Press, S. 353-375.

Feldman, Fabio und Rachel Biderman (2004): *Fundamentos de uma Política Nacional sobre Mudança do Clima para o Brasil,* Brasília: IPAM,
http://www.ipam.org.br/web/biblioteca/download/livros/livro_fundamentos.zip, abgefragt am: 4.3.2009.

Focus online (2008): *Amazonas-Fonds soll Regenwald retten,* Artikel vom 1.8.2008, http://www.focus.de/panorama/vermischtes/brasilien-amazonas-fonds-soll-regenwald-retten_aid_321892.html, abgefragt am: 27.1.2009.

Goldemberg, Jose und Patricia Guardabassi, *Are biofuels a feasible option?,* Energy Policy, Band 37, Nr. 1, S. 10-14.

Goldemberg, Jose, Suani Teixeira Coelho und Patricia Guardabassi, *The sustainability of ethanol production from sugarcane,* Energy Policy, Band 36, Nr. 6, S. 2086-97.

Governo Federal (2008): *Plano Nacional sobre Mudança do Clima -PNMC- Brasil,* Brasília: Comitê Interministerial sobre Mudança do Clima,
http://www.mma.gov.br/estruturas/imprensa/_arquivos/96_01122008060233.pdf, abgefragt am: 2.3.2009.

Government of Brazil (2008): *Executive Summary. National Plan on Climate Change. Brazil,* Brasília: Interministerial Committee on Climate Change,
http://www.mma.gov.br/estruturas/imprensa/_arquivos/96_11122008040728.pdf, abgefragt am: 2.3.2009.

Heinrich Böll Stiftung (2009): *Wie kann die Einbeziehung der Wälder in das Klimaregime nach 2012 so gestaltet werden, dass sie zu einer Chance für Amazonien und die Bekämpfung des Klimawandels wird?,* http://www.boell.de/oekologie/oekologie-2033.html, abgefragt am: 20.2.2009.

Herberholz, Michael (2001): *Der Schutz des brasilianischen Amazonasgebiets. Eine Fallstudie unter besonderer Berücksichtigung völkerrechtlicher Aspekte,* Köln: Arbeitspapiere zur Lateinamerikaforschung.

Hermanns, Klaus (2007): *Brasilien auf der Gewinnerseite des Klimawandels?,* in: Focus Brasilien, Nr. 6, S.1-14, http://www.kas.de/wf/doc/kas_12279-544-1-30.pdf, abgefragt am: 4.3.2009.

Höhne, Niklas, Joyce Penner, Michael Prather, Jan Fuglestvedt, Jason Lowe und Guoquan Hu (2008): *Summary report of the adhoc group for the modelling and assessment of contributions to climate change (MATCH),* UNFCCC,

http://unfccc.int/files/methods_and_science/other_methodological_issues/applica
tion/pdf/match_summary_report_.pdf, abgefragt am: 4.3.2009.

INPE - Instituto Nacional de Pesquisas Espaciais (2006): *História*,
http://www.inpe.br/institucional/historia.php, abgefragt am: 28.1.2009.

Instituto Brasileiro de Geografia e Estatística (2004): IBGE lança o Mapa de Biomas do
Brasil e o Mapa de Vegetação do Brasil, em comemoração ao Dia Mundial da
Biodiversidade,
http://www.ibge.gov.br/home/presidencia/noticias/21052004biomashtml.shtm
abgefragt am: 4.3.2009.

International Centre for Trade ans Sustainable Development (2008): *Plano Nacional
sobre Mudança do Clima recebe críticas de ONGs ambientais*, in: *Pontes Quinzenal*,
Band 3, Nr. 20, S. 5f.

International Energy Agency (2006): *World Energy Outlook*, Paris: OECD.

Internationale Energieagentur (2008a): *Adressing Climate Change-Policies and Measures:
Brazilian Climate Change Forum*.
http://www.iea.org/textbase/pm/?mode=cc&id=3611&action=detail, abgefragt
am: 8.1.2009.

Internationale Energieagentur (2008b): *Adressing Climate Change-Policies and Measures:
Interministerial Comission on Climate Change (CIMGC)*,
http://www.iea.org/textbase/pm/?mode=cc&id=3611&action=detail, abgefragt
am: 8.1.2009.

Internationale Energieagentur (2008c): *Adressing Climate Change-Policies and Measures:
Luz para Todos (Light for All) Electrification Programme*,
http://www.iea.org/Textbase/pm/?mode=re&action=detail&id=4069, abgefragt
am: 02.03.2009.

Internationale Energieagentur (2008d): Adressing Climate Change-Policies *and
Measures: Mandatory Biodiesel Requirement*,
http://www.iea.org/textbase/pm/?mode=cc&id=4109&action=detail, abgefragt
am: 16.1.2009.

Internationale Energieagentur (2008e): Adressing Climate Change-Policies *and
Measures: National Programme for Energy Development of States and Municipalities -
PRODEEM*, http://www.iea.org/Textbase/pm/?mode=re&id=1476&action=detail,
abgefragt am: 02.03.2009.

Internationale Energieagentur (2009a): *Selected 2006 Indicators for OECD Europe*,
http://www.iea.org/Textbase/stats/indicators.asp?COUNTRY_CODE=25,
abgefragt am: 16.1.2009.

Internationale Energieagentur (2009b): *Statistics. Selected 2006 Indicators for Brazil*,
http://www.iea.org/Textbase/stats/indicators.asp?COUNTRY_CODE=BR,
abgefragt am: 16.1.2009.

Ito, A., J. E. Penner, M. J. Prather, C. P. de Campos, R. A. Houghton, T. Kato, A. K.
Jain, X. Yang, G. C. Hurtt, S. Frolking, M. G. Fearon, L. P. Chini, A. Wang und D.
T. Price (2008): *Can we reconcile differences in estimates of carbon fluxes from land use
change in the 1990s*, Atmospheric Chemistry and Physics, Band 8, S. 3291–3310.

Johnson, Ken (2001): *Brazil and the Politics of the Climate Change Negotiations*, The
Journal of Environment Development, Band 10, Nr. 2, S. 178-206,
http://jed.sagepub.com/cgi/reprint/10/2/178, abgefragt am: 4.3.2009.

78

Koizumi, Tatsuji (2003): *The Brazilian ethanol programme: impacts on world ethanol and sugar markets*, FAO Commodity and Trade Policy Research Working Paper, Nr. 1, ftp://ftp.fao.org/docrep/fao/006/ad430e/ad430e00.pdf, abgefragt am: 4.3.2009.

La Rovere, Emilio Lèbre (2001), *Climate Change and Sustainable Development Strategies: A Brazilian Perspective*, OECD Paper.

La Rovere, Emilio Lèbre und André Santos Pereira (2007): *Brazil & climate change: a country profile*, Science and Development Network, http://www.scidev.net/en/policy-briefs/brazil-climate-change-a-country-profile.html, abgefragt am: 2.3.2009.

Lahsen, Myanna und Gunilla Öberg (2006), *The role of unstated mistrust and disparities in scientific capacity- examples from Brazil*, CSPR report, Norrköping: The Tema Institute.

Lutes, Mark und José Goldemberg (1998), *Chapter 11: Climate Change Science and Politics in Brazil*, Sao Paulo: University of Sao Paulo.

Macedo, Isaias C. (2007): *Ethanol: Current Situation and Outlook*, Estudos Avançados 21 (59), S. 157-165.

Macedo, Isaias C. und Joaquim E.A. Seabra (2008): *Mitigation of GHG emissions using sugarcane bioethanol*, in: Zuurbier, Peter und Jos van de Vooren (Hrsg.): *Sugarcane ethanol. Contributions to climate change mitigation and the environment*, Wageningen: Wageningen Academic Publishers, S. 95-112.

Macedo, Isaias C., Joaquim E.A. Seabra und João E.A.R. Silva (2008): *Green house gases emissions in the production and use of ethanol from sugarcane in Brazil: The 2005/2006 averages and a prediction for 2020*, Biomass and Bioenergy, Band 32, Nr. 7, S. 582-595.

Maldonado, Roberto (2007): *Holzfällerei im Amazonasregenwald*, WWF Hintergrundinformationen, Frankfurt am Main: WWF Deutschland.

Ministério da Ciência e Tecnologia (1997): *Proposed Elements of a Protocol to the United Nationas Framework Convention on Climate Change, Presented by Brazil in Response to the Berlin Mandate*, http://ftp.mct.gov.br/clima/ingles/quioto/pdf/ele_prop.pdf, abgefragt am 12.12.2008.

Ministério da Ciência e Tecnologia (2004): *Comunicação Nacional Inicial do Brasil á Convenção-Quadro das Nações Unidas sobre Mudança do Clima*, Brasília: Secretaria de Políticas e Progamas de Pesquisa e Desenvolvimento.

Ministério da Ciência e Tecnologia (2006): *Decree of July 7, 1999, amended by Decree of January 10, 2006*, http://www.mct.gov.br/index.php/content/view/17026.html, abgefragt am: 4.2.2009.

Ministério da Ciência e Tecnologia (2008a): Current status of the project activities under the CDM in BRA and the World, http://www.mct.gov.br/upd_blob/0026/26986.pdf, abgefragt am: 20.2.2009.

Ministério da Ciência e Tecnologia (2008b): *Monitoramento da Cobertura da Amazônia Florestal da Amazônia por Satélites. Sistemas PRODES, DETER, DEGRAD e Queimadas. 2007-2008*, São José dos Campos: INPE-Coordenação geral de observação da terra, http://www.obt.inpe.br/prodes/Relatorio_Prodes2008.pdf, abgefragt am: 4.3.2009.

Ministério das Relações Exteriores, Ministério do Meio Ambiente, Ministério de Minas e Energia, Ministério do Desenvolvimento, Indústria e Comércio exterior (2007): Brazil's Contribution To Prevent Climate Change. White Paper, http://www.mct.gov.br/upd_blob/0024/24870.pdf, abgefragt am: 2.3.2009.

Ministério de Minas e Energia (2007): Biodiesel. The new fuel from Brazil. National Biodiesel Production & Use Program, http://www.biodiesel.gov.br/docs/Folder_biodiesel_ingles_paginado.pdf, abgefragt am: 16.1.2009.

Ministério de Minas e Energia (2009): *CONPET. The Program*, http://www.conpet.gov.br/eng/conpet.php, abgefragt am 4.3.2009.

Ministério do Meio Ambiente (2008): *Noticias. Fundos ampliam poder do Brasil nas negociações internacionais de clima*, http://www.mma.gov.br/ascom/ultimas/index.cfm?id=4269, abgefragt am: 16.2.2009.

Ministério do Meio Ambiente (2009): *Noticias. Minc propõe em Nairobi compromisso mútuo de países contra o aquecimento global*, http://www.mma.gov.br/ascom/ultimas/index.cfm?id=4589, abgefragt am: 20.2.2009.

Moreira, Jose R. und Jose Goldemberg, *The alcohol program*, Energy Policy, Band 27, Nr. 4, S. 229-245.

Observatório Clima (2008): *Elementos para Formulação de um Marco Regulatório em Mudanças Climáticas no Brasil: Contribuições da Sociedade Civil*, Brasília, http://intranet.gvces.com.br/arquivos/Justificativa_PL_OC_r.pdf, abgefragt am: 4.3.2009.

Ochs, Alexander (2007): *Auf der Suche nach neuen Verbündeten: Führungsmächte des Südens als Partner deutscher Klimapolitik*, Diskussionspapier FG 8, Nr. 9, Dezember 2007, Berlin: SWP.

O luz para todos (2009): *O programa*, http://luzparatodos.mme.gov.br/luzparatodos/Asp/o_programa.asp, abgefragt am: 22.01.2009.

Ölz, Samantha, Ralph Sims und Nicolai Kirchner (2007): *Contribution of Renewables to Energy Security*, IEA Information Paper, OECD.

Persson, Martin und Christian Azar (2004), *Brazil Beyond Kyoto. Prospects and Problems in Handling Tropical Deforestation in a Second Commitment Period*, Department of Physical Resource Theory, Chalmers University of Technology.

Pinguelli Rosa, Luiz, Suzana Kahn Ribeiro, Maria Silvia Muylaert und Christiano Pires de Campos (2004), *Comments on the Brazilian Proposal and contributions to global temperature increase with different climate responses--CO2 emissions due to fossil fuels, CO2 emissions due to land use change*, in: Energy Policy, Band 32, Nr. 13, S. 1499-1510.

Presse- und Informationsamt der Bundesregierung: (2008): *Deutschland unterstützt Brasilien im Kampf gegen den Klimawandel*, http://www.bundesregierung.de/nn_1272/Content/DE/Artikel/2008/12/2008-12-19-deutschland-unterstuetzt-brasilien-schutz-amazonasgebiet.html, abgefragt am: 27.1.2009.

Reid, Walter V. und José Goldemberg (1998): *Developing countries are combating climate change. Actions in developing countries that slow growth in carbon emissions*, Energy Policy, Band 26, Nr. 3, S. 233-237.

Reuters Brasil (2009): *Vendas de veículos flex se recuperam em dezembro ante novembro*, http://br.reuters.com/article/businessNews/idBRSPE5070BR20090108, abgefragt am: 20.01.2009.

Román, Mikael (2007): *What Order in Progress? Brazilian Energy Policies and Climate Change in the Beginning of the 21st Century*, CSPR Report 07:02, Norrköping: Centre for Climate Science and Policy Research.

Ruiz, B. J., V. Rodríguez und C. Bermann (2007): *Analysis and perspectives of the government programs to promote the renewable electricity generation in Brazil*, Energy Policy, Band 35, Nr. 5, S. 2989-94.

Secretaria de Coordenação da Amazônia (2009a): *Programa áreas protegidas da amazônia ARPA*, http://www.mma.gov.br/port/sca/arpa/`, 28.1.2009.

Secretaria de Coordenação da Amazônia (2009b): *Programa Piloto para a Proteção das Florestas Tropicais do Brasil*, http://www.mma.gov.br/ppg7/, abgefragt am: 28.1.2009.

Szklo, Alexandre Salem, Roberto Schaeffer, Marcio Edgar Schuller und William Chandlerb (2005): *Brazilian energy policies side-effects on CO2 emissions reduction*, Energy Policy, Band 33, Nr. 3, S. 349–364.

UNFCCC (2000): *Brazil Proposal. Issues in the negotiating process. Scientific and methodological aspects of the proposal by Brazil: Target-setting according to impacts on temperature rise*, http://unfccc.int/cop6/issues/108.html, abgefragt am: 2.2.2009.

UNFCCC (2006): *Brazilian Proposal. Scientific and Methodological Assessment of Contributions to Climate Change*, http://unfccc.int/methods_and_science/other_methodological_issues/items/1038. php, abgefragt am: 2.2.2009.

UNFCCC (2009a): *CDM. Registration. CERs issued by host party*, http://cdm.unfccc.int/Statistics/Issuance/CERsIssuedByHostPartyPieChart.html, abgefragt am: 16.1.2009.

UNFCCC (2009b): *CDM. Registration. Expected average annual CERs from registered projects by host party*, http://cdm.unfccc.int/Statistics/Registration/AmountOfReductRegisteredProjPieC hart.html, abgefragt am: 16.1.2009.

UNFCCC (2009c): *REDD. Training Activities*, Concept Note, http://unfccc.int/files/methods_science/redd/technical_assistance/training_activiti es/application/pdf/cd_redd_concept_note.pdf, abgefragt am: 16.1.2009.

UNFCCC-Sekretariat (2008): *Emissions Summary Brazil*, http://unfccc.int/files/ghg_data/ghg_data_unfccc/ghg_profiles/application/pdf/br a_ghg_profile.pdf, abgefragt am: 2.3.2009.

Viola, Eduardo (2004), *Brazil in the Context of Global Government Politics and Climate Change, 1989-2003*, in: Ambiente & Sociedade, Band VII, Nr. 1, S. 27-48.

Viola, Eduardo (2008): *The evolving role of Brazil in the global politics of climate, 1996-2008*, All Academic Research, http://www.allacademic.com//meta/p_mla_apa_research_citation/2/5/1/0/3/pages 251032/p251032-6.php, abgefragt am: 4.3.2009.

Whalley, John und Sean Walsh (2008): *The Copenhagen Global Climate Change Negotiation*, CES-IFO Preliminary Paper, presented on the Venice Summer Institute 2008, http://www.cesifo-group.de/portal/page/portal/ifoContent/N/neucesifo/CONFERENCES/SC_CONF _2008/Venice%20Summer%20Institute%202008/vsi08-Whalley/vsi08_GE_Whalley.pdf, abgefragt am: 20.2.2009.

www.ingramcontent.com/pod-product-compliance
Lightning Source LLC
Chambersburg PA
CBHW021718210326
41599CB00013B/1688